ROT FÜR GEFAHR, FEUER UND LIEBE

RED FOR DANGER, FIRE, AND LOVE

6.—

ROT FÜR GEFAHR, FEUER UND LIEBE

FRÜHE DEUTSCHE STUMMFILME

RED FOR DANGER, FIRE, AND LOVE

EARLY GERMAN SILENT FILMS

HENSCHEL VERLAG
BERLIN 1995

Die Deutsche Bibliothek – CIP Einheitsaufnahme

Rot für Gefahr, Feuer und Liebe: Deutsche Filme der zehner Jahre = Red for danger, fire, and love/
[Hrsg.: Stiftung Deutsche Kinemathek, Berlin und Goethe-Institut, München. Red. Daniela Sannwald.
Übers.: Jeremy Roth]. – Berlin: Henschel, 1995
ISBN 3–89487–228–4
NE: Sannwald, Daniela [Red.]: Stiftung Deutsche Kinemathek <Berlin>; Red for danger, fire, and love

Herausgeber:
Stiftung Deutsche Kinemathek, Berlin
und
Goethe-Institut, München

Textredaktion:
Daniela Sannwald

Bildredaktion:
Wolfgang Jacobsen

Übersetzungen:
Jeremy Roth

Umschlaggestaltung und Layout:
Volker Noth Grafik-Design

Umschlagfotos:
Nederlands Filmmuseum Amsterdam
Stiftung Deutsche Kinemathek

Lektorat:
Jürgen Bretschneider

Satz und Druck:
DBC Druckhaus Berlin-Centrum

Publishers:
Stiftung Deutsche Kinemathek, Berlin
and
Goethe Institute, Munich

Text Editor:
Daniela Sannwald

Photo Editor:
Wolfgang Jacobsen

Translations:
Jeremy Roth

Cover and layout:
Volker Noth Grafik-Design

Cover photos:
Nederlands Filmmuseum Amsterdam
Stiftung Deutsche Kinemathek

Readers' department:
Jürgen Bretschneider

Typeset and Print:
DBC Druckhaus Berlin-Centrum

INHALT

CONTENTS

VORWORT

Im Film ZWEIMAL GELEBT, 1912 von Max Mack inszeniert, rast ein Automobil von rechts hinten in den linken Bildvordergrund. Eine junge Frau, die mit ihrer Tochter und ihrem Mann einen Spaziergang macht – die erste Sequenz heißt denn auch entsprechend ›Glück‹ – erleidet einen psychischen Schock, weil sie glaubt, ihre hinter den Eltern zurückgebliebene, in den Straßengraben gefallene Tochter sei von dem Automobil erfaßt worden. Sie verliert ihr Gedächtnis und beginnt wenig später ein zweites Leben mit einem anderen Mann, aber eine zufällige Begegnung mit ihrer Tochter gibt ihr das Erinnerungsvermögen wieder. Sie erkennt, daß sie zweimal gelebt hat und mit zwei Männern verheiratet ist; sie löst den Konflikt, indem sie sich von einer Brücke stürzt.

Man kann dieses kleine Melodrama kinohistorisch lesen. Wie in einem der ersten Lumière–Filme, L'ARRIVÉE D'UN TRAIN EN GARE DE LA CIOTAT, rast ein Verkehrsvehikel von rechts hinten auf das Publikum zu. Hatten sich bei den ersten Vorführungen dieses Films die Zuschauer vor Angst unter die Stühle gestürzt, so fällt nun die Hauptdarstellerin in Ohnmacht – sozusagen stellvertretend fürs Publikum, das 17 Jahre später schon an einige kinematografische Schrecken gewöhnt war. Der Schrecken des Publikums bei Lumière ist nun auf der Leinwand repräsentiert durch den Schrecken der Filmfigur.

Das Kino als Wunschmaschine war nie etwas anderes als ein *dispositif*, das es erlaubt, zweimal zu leben. Alle Filme dieser Reihe erzählen Geschichten von abenteuerlichen Lebensläufen, starken Frauen, unbändiger Liebe, unstillbarem Haß, gelösten Geheimnissen, gerächten Verbrechen, selbstloser Nächstenliebe oder tragischen Verstrickungen, sie repräsentieren den Wunsch nach einem besseren oder die Angst vor einem schrecklichen anderen, zweiten Leben.

Man kann beim Betrachten dieser Filme dem Kino bei der Erarbeitung seiner eigenen, bis heute gültigen Codes zuschauen, und man bemerkt dabei die große Vielfalt der Stile, Genres und Handschriften. Das deutsche Kino der zweiten Dekade unseres Jahrhunderts war keineswegs darauf gerichtet, konsequent den weltberühmten expressionistischen Film hervorzubringen; vielmehr sig-

FOREWORD

In Max Mack's 1912 film ZWEIMAL GELEBT, an automobile rushes from the right background into the left foreground of the picture, while a young woman is taking a stroll with her husband and daughter. This first sequence is titled »Happiness«. The daughter, who has been tarrying behind the parents, falls into a ditch by the side of the road; and the mother, believing the girl has been hit by the car, sustains a state of shock which leads to a complete loss of memory. A short time later she begins a new life with a new husband, but she recovers her memory after a chance meeting with her daughter. She realizes that she has led two lives and is married to two men, and resolves the conflict by jumping off a bridge.

One can interpret this little melodrama from the standpoint of cinematic history. In L'ARRIVÉE D'UN TRAIN EN GARE DE LA CIOTAT, one of the first Lumière films, another modern means of conveyance rushes from the right background toward the audience. At the first showings of this film the horrified viewers sought refuge under their seats. In ZWEIMAL GELEBT, the main female character faints – instead of the audience, as it were, which after seventeen years has become accustomed to certain cinematic terrors. The terror felt by the audience in the Lumière film is now felt by a character on the screen.

Cinema has always been an attempt at wish-fulfillment, a possibility for us to take on another life. The early German silent films in this series relate stories of adventurous lives, strong women, uninhibited love, unquenchable hate, mysteries solved, crimes avenged, noble selflessness, or tragic entanglements; and they all represent the wish for another, better, more interesting life – or, as the case may be, the fear of a worse one.

As we watch the films, we become aware of a medium still in its infancy but working out codes which are still valid today. And we can note a great variety of styles, genres, and personal signatures. The German film industry in the second decade of the twentieth century was by no means consciously or exclusively engaged in bringing forth the world-famous German expressionist film. Rather, German films from this period proclaim their internationality. Not only do many of

nalisiert es in dieser Epoche seine Internationalität, orientiert sich vor allem an amerikanischen und französischen Stilen und Themen, die es allerdings mit einem spezifisch deutschen *Touch* versieht: Das Dunkle, Tragische, Pathetische gehört dazu wie auch die teilweise raffinierte Lichtregie (zum Beispiel in UND DAS LICHT ERLOSCH, 1914, Regie: Fritz Bernhardt), die später zu einem Markenzeichen des deutschen Films werden sollte.

Den fast völlig vergessenen frühen deutschen Stummfilmen, die hier dank der vorbildlichen archivalischen Arbeit des Nederlands Filmmuseum in restaurierten Fassungen präsentiert werden, möchten wir, die Stiftung Deutsche Kinemathek Berlin und das Goethe-Institut, ein zweites Leben geben. Wir sind überzeugt, daß alle hier versammelten Filme 100 Jahre nach der Erfindung des Kinos würdig sind, ›zweimal gelebt‹ zu haben.

Dr. Bruno Fischli
Goethe-Institut, München

the stories take place in foreign locations; the filmmakers also orientated themselves primarily along the lines of French and American styles and topics. This does not of course mean that specifically German touches were lacking: the dark, the tragic, the emotion-laden element is there, as is the sometimes masterful use of light and lighting, for example in Fritz Bernhardt's 1914 production UND DAS LICHT ERLOSCH. Directorial mastery in light and lighting was to become a trademark of German cinema.

The restoration and accessibility of these almost completely forgotten early German silent films are the work of the outstanding archivists at the Nederlands Filmmuseum. We, the Stiftung Deutsche Kinemathek, Berlin, and the Goethe Institute, Munich, are delighted to participate in giving these films another chance to live again on the screen. We are convinced that all the films in this series deserve a second life, one hundred years after cinema was born.

Dr. Bruno Fischli
Goethe Institute, Munich

VOR CALIGARI

BEFORE CALIGARI

Eric de Kuyper

Die vorliegende Filmauswahl zeigt eine nahezu in Vergessenheit geratene Epoche des deutschen Films in einem neuen Licht – die Jahre unmittelbar vor, während und kurz nach dem Ersten Weltkrieg – die Jahre vor DAS CABINET DES DR. CALIGARI.

Deutsche Filmproduzenten dieser Zeit orientierten sich thematisch und stilistisch eher am internationalen Film als etwa ihre Kollegen in Rußland oder Skandinavien. Im deutschen Film vor CALIGARI waren sämtliche Themen und Tendenzen etwa des französischen oder amerikanischen Films der gleichen Zeit erkennbar (weniger vielleicht die des italienischen Kinos). Die deutschen Produzenten waren sogar vielseitiger als die anderer Länder: Es gab eine breite Palette verschiedener Komödienformen, von der einfachen Komödie über subtile Lustspiele bis zu bittersüßen Märchen (vor allem die Filme von Franz Hofer); und es gab alle möglichen Arten von Abenteuerfilmen, wobei sich die Genres des Kriminal- und des Action-Films durch besonderen Variationsreichtum auszeichneten. Sie verfilmten aber auch psychologische Konflikte in der Tradition des Melodramas (zum Beispiel die Filme mit Henny Porten); und sie produzierten Filme mit sozialer Perspektive (zum Beispiel DIE BÖRSENKÖNIGIN mit Asta Nielsen auf dem Höhepunkt ihres Könnens).

Mit Erstaunen entdeckt man, daß alle diese Filmgenres ihren spezifischen Charakter haben, nicht einfach Imitationen sind. Wie die vorliegende Auswahl zeigt, ist das deutsche Kino der zehner Jahre ein reiches, ein komplexes Kino, mit eigenen Stilmitteln und besonderen Merkmalen.

Diese Eigenständigkeit ist natürlich am ehesten in Filmen sichtbar, die von so bekannten Persönlichkeiten wie Asta Nielsen geprägt waren. Aber eine wirkliche Entdeckung, glaube ich, sind die bisher unbekannten Filme, die durch ihre Regisseure den *Touch* von Autorenfilmen erhalten. Franz Hofer und Emerich Hanus verdienen in diesem Zusammenhang besondere Beachtung: Hofers Werk zeichnet sich durch ungeheure Vielseitigkeit aus; die Filme von Hanus sind Beispiele für gut kontrolliertes, psychologisches Kino, das über die Grenzen des konventionellen Melodramas weit hinausgeht.

This selection of films offers another look at a period of German cinema which has been largely forgotten: the years immediately prior to, during, and just after the First World War – the years before DAS CABINET DES DR. CALIGARI.

In subject matter and style, German filmmakers of those years took a more international approach than, for example, their more regionally oriented colleagues in Russia or Scandinavia. German films in the years before CALIGARI exhibited all the topics and tendencies that one could observe in, say, the French or American cinema of the time (though perhaps to a lesser extent in the Italian cinema, which was going its own special way). And German filmmakers showed even greater diversity than the filmmakers of other nations: they produced a wide range of comedies, from simple vehicles for routine gags to subtle situation comedies to bittersweet fairy-tales (especially Franz Hofer's films); they made all sorts of adventure movies, with detective and action stories particularly distinguished by variations on the respective genres; and they presented psychological conflicts in the tradition of melodrama (films with Henny Porten) but also with a social perspective, for example DIE BÖRSENKÖNIGIN, with Asta Nielsen at her best.

Even more remarkable is the fact that the German treatments of all these genres and varieties had an individual flavor of their own. Far from being simple imitation, the German cinema of this period was very rich and complex, with unique and specific characteristics, as the selected films will show.

This uniqueness appears most clearly in those productions where noted personalities like Asta Nielsen left their special stamp. But one can, I think, find surprising discoveries in the works of forgotten filmmakers who pursued their tasks with a real *auteur* spirit. Franz Hofer and Emerich Hanus deserve particular mention in this regard: Franz Hofer's career is a showpiece of versatility, and the selections from Emerich Hanus's work leaves the impression of a man who knew how to make well-controlled psychological cinema which transcended the limitations of conventional melodrama.

Beispiele herausragenden Filmschaffens sind in jeder Längenkategorie – Ein-, Zwei- oder Drei-Akter und lange Spielfilme – zu finden; die meisten stammen von unbekannten Regisseuren. Bis heute tendiert die Filmgeschichtsschreibung dazu, ihren Blick auf die Karrieren sogenannter ›Persönlichkeiten‹ – eines Regisseurs, eines Stars – zu richten, so daß Filme, die keine bestimmte ›Handschrift‹ aufweisen, schlicht unbeachtet bleiben. Damit geschieht, wie man an diesem Filmprogramm sehen kann, gerade dem deutschen Film jener frühen Periode Unrecht, denn dessen Fülle und Vielfalt sind eben meist nicht auf bestimmte Autoren oder Schauspieler zurückzuführen, sondern auf die Variationen der Genres und die Beziehungen zwischen einzelnen Filmen und dem jeweiligen Genre. So steht dieses Kino in starkem Kontrast zum späteren deutschen Film, für den das Autorenprinzip kennzeichnend wird. Noch aber ist das Ganze wichtiger als die einzelnen Elemente; die vorliegende Filmauswahl beleuchtet gerade auch diesen Aspekt.

Natürlich kann man sich darauf konzentrieren, den Wurzeln des Films der Weimarer Republik nachzuspüren, wie es 1990 im italienischen Pordenone bei der Retrospektive *Vor Caligari* geschah. Aber ich glaube, daß eine so eingeschränkte Sicht auf eine filmische Periode den Blick auf die speziellen Qualitäten der Filme dieser frühen Jahre versperrt, die, wie gesagt, in ihrer erstaunlichen Vielfalt und ihrem inszenatorischen Erfindungsreichtum liegen: noch war alles möglich. Die Filme mit Asta Nielsen sind zu Recht sehr bekannt geworden; doch warum sollten wir unsere Erkenntnisse und unsere Entdeckerfreude auf Bekanntes beschränken, wo es doch noch so viel zu entdecken und wiederzuentdecken gibt!

Nach meiner Überzeugung bietet das vorliegende Programm eine repräsentative Auswahl und einen guten Überblick über eine bis heute kaum gewürdigte Periode des deutschen Films.

Vielleicht würde man keinen dieser Filme als spektakulär bezeichnen (wie etwa INTOLERANCE von D. W. Griffith), aber die Originalität und die Qualität jedes einzelnen Films überraschen. Manchmal ist es die Genauigkeit der Charakterisierung, machmal die subtile Atmosphäre, die –

In every length-category (one-reelers, two-reelers, three-reelers, feature length), we can find examples of outstanding filmmaking. Not all of these works are by the names mentioned above; as a matter of fact, most of them are more or less anonymous. Film historians have all too often been hampered by a penchant for seeing everything under the rubric of »personality« (usually the director or star), with the result that many films which are not in some way »signed« are simply disregarded. Such a tendency does a grievous injustice to this particular period of German cinema, a period whose richness comes mostly from non-personalized films (unlike, for example, the more recent *Autorenkino,* or cinema of authors), and from genres and the relationship of individual films to their genres. Here the whole is more important than the parts, making the overview provided by this retrospective all the more interesting and illuminating.

One can, of course, concentrate on tracing the roots of the cinema of the Weimar Republic; this was in fact the explicit theme of the *Before Caligari* retrospective in Pordenone, Italy, in 1990. But I think that such a specific treatment, while valuable in its own right, fails to convey the amazing diversity and versatility which were the special qualities of German cinema during the years before Weimar. »Anything is possible« would have been an appropriate slogan for those years. The films with Asta Nielsen are both known and notable examples; but it behooves us not to limit our knowledge and our enjoyment to what is already known when there is so much to discover and rediscover …

I am convinced that this program is both a representative selection and a rich documentation, and that the viewer will find it extremely rewarding.

Perhaps none of these films can be called »spectacular« (in the manner of, say, D. W. Griffith's INTOLERANCE), but each of them exhibits astonishing quality and originality. Some of the comedies and dramas convey subtle atmosphere or admirable finesse in characterization, giving the best of them a »European« touch. Many crime films of the period display a real gift for shooting on loca-

in Dramen wie in Komödien – ein gutes Beispiel für den ›europäischen *Touch*‹ geben. Die Kriminalfilme sind häufig in meisterhafter Weise, manchmal mit fast dokumentarischem Charakter, an Originalschauplätzen gedreht. Aber auch die Studioaufnahmen, die wunderbaren Dekors in Hofers Filmen oder der artifizielle Stil von Hanus, zeugen von der überaus sorgfältigen Inszenierungskunst jener Jahre.

Es ist die Komposition dieser Filmreihe, es sind die Beziehungen der einzelnen Filme untereinander, die Wechselwirkungen zwischen verschiedenen Genres, die einen Eindruck von dieser Periode des deutschen Films vermitteln. Es ist eine weitgehend unbekannte Periode, deren Wiederentdeckung noch aussteht.

tion, sometimes with documentary tendencies. But we also see meticulous craftsmanship in the interior shots, for example in Hofer's beautifully decorated films or the manneristic style of Hanus.

Once again, it is the films in their entirety, their interrelations and interplays, that provide a fitting impression of a period of German cinema which has long been largely consigned to oblivion, but which certainly deserves to be rediscovered and remembered.

DER SCHATZ VON JEAN DESMET

THE TREASURE TROVE OF JEAN DESMET

Emmy de Groot/Frank van der Maden

Jean Desmets Lebensgeschichte liest sich wie die des berühmten amerikanischen Zeitungsjungen, der es bis zum Millionär brachte. Seine Laufbahn im Filmgeschäft begann Desmet um 1907 mit einem mobilen Filmtheater; 1909 eröffnete er sein erstes stationäres Kino in Rotterdam, dem weitere in anderen Städten folgten. Es genügte ihm jedoch nicht, nur Kinobesitzer zu sein, und so begann er mit dem Kauf und Verkauf von Filmen. Von 1910 bis 1915 leitete er eine erfolgreiche Gesellschaft, die mit Filmkopien handelte und sie verlieh. Nach 1915 war Desmet zunehmend am Immobiliengeschäft beteiligt, verkaufte jedoch niemals Filme oder Dokumente aus seinem Besitz.

Als Jean Desmet 1956 starb, hinterließ er eine enorme Sammlung von Hunderten von Filmen und Tausenden von Dokumenten, die seine Angehörigen dem Nederlands Filmmuseum in Amsterdam vermachten. Die große Bedeutung dieser Dokumente soll nicht unerwähnt bleiben: Für die Forschung sind nicht nur Plakate, Fotografien und gedruckte Programme interessant, sondern gerade auch die Geschäftspapiere – Briefe, Rechnungen, Rechnungsabschlüsse, Verträge und vieles mehr. Die Sammlung enthält, grob geschätzt, etwa hunderttausend Dokumente über einen Zeitraum, der vom Ende des 19. bis in die fünfziger Jahre des 20. Jahrhunderts reicht. Für Filmhistoriker von besonderem Wert sind jene aus den Jahren zwischen 1907 und 1920, einer Zeit stürmischer Entwicklungen im Filmgeschäft, an dem Desmet damals noch aktiv beteiligt war. Seine Sammlung ist eine reiche Informationsquelle für diese Zeit.

Das Archiv Desmets enthält etwa 900 Filme mit einer Gesamtlänge von etwa 200 km Nitrofilm, einem hochentflammbaren Material, das sich im Laufe der Zeit zersetzt. Praktisch alle diese Filme stammen aus der Zeit zwischen 1910 und 1915, die meisten davon sind Einakter mit einer Spielzeit von etwa zehn Minuten. Etwa 700 Filme sind Spielfilme, die übrigen kann man als Dokumentarfilme bezeichnen. Die Sammlung zeigt Desmets breites Interesse am internationalen Film: Etwa 270 Filme stammen aus Frankreich, das damals über die größte Filmindustrie Europas und vermutlich der ganzen Welt verfügte; 220 kom-

The story of Jean Desmet (1875–1956) is a rags-to-riches saga like those made popular by the American writer Horatio Alger. After entering the film business with a mobile theater about 1907, he opened his first movie-house in Rotterdam in 1909. He was soon opening theaters in other towns. But the mere ownership of theaters did not satisfy Desmet; he became interested in the buying and selling of films. From 1910 to 1915 he was the head of a highly successful company which bought, sold, and hired out films. After 1915 he gradually became increasingly involved in the real estate business, but he never sold any of the films or related documents that were still in his possession.

When Jean Desmet died in 1956, he left an enormous collection of hundreds of films and thousands of documents, which his relatives donated to the Nederlands Filmmuseum in Amsterdam. The documents include material such as posters, photographs, and printed programs, but also papers relating to the administrative and business aspects of cinema – letters, bills, financial statements, contracts, and the like. The collection contains what is roughly estimated to be about a hundred thousand documents covering the period from the end of the nineteenth century to the beginning of the 1950's. For the film historian the most important of these documents are those from the years 1907 to 1920, when Desmet was still actively involved in the film industry and which was a crucial period of great and rapid development in film. Desmet's collection is an extremely rich source of information about this period.

In the Desmet archive there are about 900 films with a total length of some 200 kilometers (about 125 miles) of nitrate film, a highly inflammable material which is gradually decomposing with the passage of time. Practically all of these films date from 1910 to 1915; and the majority of them are one-reelers with a running-time of about ten minutes, the average length in those days. About 700 of the films are feature films; the others can be classified as documentaries.

The collection is indicative of Desmet's broad international interest in cinema: about 270 films come from France, at that time the most prolific

men aus den USA (eine ganz beträchtliche Anzahl für die damalige Zeit); daneben gibt es 130 Filme aus Italien, 75 aus Deutschland, 25 aus England, 35 aus Dänemark, zwei Filme aus Rußland und nur einen aus den Niederlanden (DE GREEP, 1909). Diese Zahlen entsprechen prozentual den Anteilen, mit denen die einzelnen Länder an der internationalen Filmproduktion beteiligt waren. Die Sammlung bietet daher einen repräsentativen Überblick über den Produktionszeitraum von 1910 bis 1915.

Bemerkenswert ist der Anteil an Komödien, insbesondere aus Frankreich und Italien. Es liegen nicht weniger als 13 französische Komödien vor, darunter einige mit Arthême, Bout-de-Zan und Rosalie, die alle in ihren eigenen Filmen auftreten. Bei den neun italienischen Produktionen finden wir etwa Polidor, Cretinetti, Kri Kri und Toto. Sie alle waren Meister des Slapstick. Da auch Komödien aus anderen Ländern erhalten sind, lassen sich gut Vergleiche zwischen den Produktionsländern anstellen.

Ein weiteres in der Sammlung wohlvertretenes Genre ist der Liebesfilm. Einige deutsche Produktionen mit Henny Porten in der Hauptrolle, etwa PERLEN BEDEUTEN TRÄNEN, 1911, oder ALEXANDRA, 1912, mögen das holländische und das deutsche Publikum gleichermaßen bewegt haben. Filme mit unglücklichem Ausgang erfreuten sich scheinbar keiner großen Beliebtheit: Die Kopie des italienischen Melodrams FIOR DI MALE von 1915 zeigt keinerlei Verschleißspuren.

Die amerikanischen Filme in der Sammlung stammen von verschiedenen Produzenten. Gut vertreten ist dabei Vitagraph, ein damals sehr bekanntes Studio. Nur wenig erhalten ist jedoch von der Biograph, wo ein Regisseur beschäftigt war, der später weltberühmt werden sollte: D. W. Griffith. Allerdings sind sogar ein paar Griffith-Filme erhalten, darunter THE LONEDALE OPERATOR und BILLY'S STRATAGEM, beide von 1911.

Manche dieser Filme sind im wahrsten Sinne des Wortes einzigartig, weil von ihnen nur noch eine einzige Kopie in der Desmet-Sammlung erhalten blieb.

1985 beschloß das Nederlands Filmmuseum, die Desmet-Sammlung als wesentlichen Bestand-

film-producing country in Europe and possibly the world; 220 are from America, a remarkably large number for that period; there are 130 films from Italy, 75 from Germany, 25 from England, 35 from Denmark, and 2 from Russia. There is but one Dutch feature film in the collection (DE GREEP, 1909). Do these figures correspond with the overall output of films in the various countries during those years? They may well do so. At any rate, it is quite clear that the collection offers a broad survey of international film production from 1910 to 1915.

There is a remarkably high proportion of comedies, particularly from France and Italy. In the French productions no fewer than thirteen comedians appear, including Arthême, Bout-de-Zan, and Rosalie, all of them in their own films. In the Italian productions we find about nine, for example Polidor, Cretinetti, Kri Kri, and Toto. All of the above were masters of the slapstick genre. Since the other countries are also represented in this genre, it is possible to compare the comic productions of various countries with one another.

Another prominent genre in the collection is the sentimental film. A couple of German films starring Henny Porten – PERLEN BEDEUTEN TRÄNEN (Pearls Mean Tears), 1911; ALEXANDRA, 1912 – probably moved Dutch audiences as deeply as they did German ones. Unhappy endings, however, seem not to have been much appreciated: the copy of the 1915 Italian melodrama FIOR DI MALE shows no signs of wear and tear.

The American films in the collection are from a number of producers. Remarkably well represented is Vitagraph, a very popular studio of the time. There are, however, only a few productions from American Biograph, the studio that employed a director who was later to achieve undying fame: D. W. Griffith. Yet there are some Griffith films in the collection, among them THE LONEDALE OPERATOR and BILLY'S STRATAGEM, both from 1911.

Quite a few of the films are unique in the most literal sense because they have probably survived only in the Desmet collection's copy.

In 1985, the Nederlands Filmmuseum decided to initiate a large-scale project to save and conserve the Desmet collection. The collection is con-

teil der niederländischen Filmgeschichte und damit Teil des nationalen Erbes im Rahmen eines großangelegten Projektes zu erhalten. Der Schwerpunkt liegt auf der Sicherung des Filmbestandes, doch ist das Filmmuseum bemüht, auch andere Dokumente, insbesondere die Plakate, vor unwiederbringlichem Verlust zu bewahren.

Ein besonders bemerkenswerter Aspekt der Filme in Jean Desmets Sammlung ist die häufige Verwendung von Farbe. Etwa achtzig Prozent der Filme sind bis zu einem gewissen Grad koloriert. Man vergißt heute leicht, daß kolorierte Filme vor dem Ersten Weltkrieg recht häufig waren. Schon in der Anfangszeit des Kinos war man um Farbgebung im Film bemüht. Ein erster Versuch in diese Richtung war die sorgfältige Kolorierung jedes Einzelbildes per Hand, später benutzte man Schablonen, um in aufeinanderfolgenden Bildern die gleichen Stellen einzufärben. Diese Arbeit wurde überwiegend von Frauen verrichtet: Eine Koloristin war immer nur für das Auftragen einer Farbe auf das Bild verantwortlich. Trotz dieser Art von Fließbandtätigkeit war das Verfahren immer noch sehr zeitaufwendig und teuer. Es wurde durch die *Virage*- und *Tonungs*verfahren abgelöst. Bei der *Virage* wurde die Filmunterlage (Gelatine) mit Filmfarbstoffen gefärbt. Dadurch erschienen vor allem die hellen Bildpartien in einem Farbton. Bei der *Tonung* wurde die lichtempfindliche Schicht durch einen chemischen Verwandlungsprozeß eingefärbt, während die klaren Bildpartien farblos blieben. Die Kombination beider Verfahren in einer Bildfolge erlaubte Effekte mit zwei Farben gleichzeitig. Hauptfunktion der Farbgebung war es, in den einzelnen Szenen eine entsprechende Atmosphäre herzustellen und wichtige Momente im Verlauf der Handlung hervorzuheben.

Das Filmprogramm stellt nur einen kleinen Ausschnitt aus der Sammlung Jean Desmets vor; aber wir haben damit den Versuch unternommen, einen Eindruck von ihrer Vielfalt und Originalität zu vermitteln.

sidered to be an integral part of the nation's film history, and as such it belongs to the national heritage. The primary concern is the preservation of the films, but the Filmmuseum is also attempting to save the other items, particularly the posters, from becoming irretrievably lost.

One of the remarkable aspects of the films in the Desmet collection is the frequent use of color. 80 per cent of the films are *tinted* to some extent. Today we tend to forget that *tinted* films were a very popular phenomenon before the First World War. From the very earliest film presentations, people were looking for ways to show movies in color. The first attempt in this direction was the careful coloring of each separate frame with a pencil. The next development was the use of stencils; with the help of these the same color could be applied at the same place in successive images. This was done mainly by women. Each woman had her own color to apply on part of each image. It was a kind of assembly-line work, but it still took a lot of time and was consequently very expensive.

Then the processes known as *tinting* and *toning* came into use. With *tinting* a whole sequence of images was dyed in one color, and *toning* used the emulsion on the film to chemically transform a black-and-white image into a color image. The use of both *tinting* and *toning* in the same sequence made it possible to utilize two colors at once. The main function of the colors was to create a certain atmosphere in the various scenes and to emphasize crucial moments of the story.

The films in our program constitute only a very small part of the collection, but with them we have attempted to convey an impression of the collection's variety and originality.

MILIEU UND ATTRAKTION
SIEBZEHN FILME AUS DEN ZEHNER JAHREN

Daniela Sannwald

In vielen Filmen der zehner Jahre stehen Frauen im Mittelpunkt des erzählerischen Interesses: MADELEINE, KASPERL-LOTTE, DIE BÖRSENKÖNIGIN, DIE VERRÄTERIN, DIE SUMPFBLUME, WANDA'S TRICK, DIE LIEBE DER MARIA BONDE – die Titel nennen oder charakterisieren ihre Heldinnen oder erlauben bereits einen Rückschluß auf den Handlungsschwerpunkt. Aber auch die anderen Filme dieser Auswahl mit weniger eindeutigen Titeln stellen Frauenschicksale vor; es geht, mit Ausnahme der beiden reinen Abenteuerfilme DAS RECHT AUFS DASEIN und DER GEHEIMNISVOLLE KLUB, um schwere Schicksalsschläge, tödliche Intrigen, Existenzkämpfe und Rache, um Schuld und Sühne. Es sind Melodramen, manchmal durchsetzt mit Action-Szenen, manchmal mit echten Darbietungen aus dem Varieté. In solchen Momenten scheint die Filmhandlung nur den Vorwand zu liefern für die abenteuerliche Verfolgungsjagd oder den atemberaubenden Jonglier-Akt, die wie Exkurse aus der Chronologie wirken. Zwischentitel überbrücken Zeit und Raum. Der Filmhistoriker Thomas Brandlmeier beobachtet: »In dieser Phase des Kinos sind aber Briefe, Zettel, Nachrichten fast noch wichtiger als Zwischentitel. Das Telefon als alltäglicher Gebrauchsgegenstand ist noch nicht etabliert. Während das Telefon zeitgleiche Kommunikation und damit Montage ermöglicht, ist die geschriebene Nachricht zeitversetzt.«

Nicht psychologische Entwicklungen, Wendungen des Schicksals oder die Entstehung von Konfliktsituationen sind wirklich auf der Leinwand zu sehen; sie liegen häufig in einer Vergangenheit vor dem Filmbeginn, oder sie geschehen quasi hinter dem Zwischentitel. So stiehlt etwa das Künstlermodell Sandra in DIE SUMPFBLUME 20.000 Mark von ihrem Verehrer, der dieses Geld von einem Freund geliehen hatte. Sandras eventuelle moralische oder emotionale Skrupel werden jedoch nicht thematisiert. Ein Zwischentitel unterrichtet uns lediglich darüber, daß sie sechs Jahre später Tänzerin geworden ist, bevor die Handlung wieder einsetzt. Manche Filme beginnen bereits in einer Situation der Unordnung: Mag das Fehlen von Vätern in den Filmen ab 1914 als Folge der Einberufungsbescheide gelesen werden, so sind die anderen Variationen

MILIEU AND MAIN ATTRACTION
SEVENTEEN FILMS FROM THE SECOND DECADE OF THE TWENTIETH CENTURY

In many German films produced during the second decade of the twentieth century, women are the focal points of the stories. The titles of some of the films in our program – MADELEINE, KASPERL-LOTTE, DIE BÖRSENKÖNIGIN, DIE SUMPFBLUME, WANDA'S TRICK, and DIE LIEBE DER MARIA BONDE – either explicitly name the heroine or at least give an idea of what she is like; here and there the title also prepares the viewer for the story-line. With the exception of the two pure adventure films DAS RECHT AUF DASEIN and DER GEHEIMNISVOLLE KLUB, the other films in our program are also mainly about women, even though the titles may not immediately suggest this. The women sustain severe blows of fate or become otherwise involved in deadly intrigues, vengeance, guilt, atonement, and battles for survival. At first glance the films seem to be melodramas, sometimes spiced with action sequences, sometimes containing direct and unadulterated music-hall scenes. At such moments the plot seems to be only an excuse for wild chases or breathtaking juggling acts which divert us from the story. Intertitles bridge the gaps in space and time. The film historian Thomas Brandlmeier writes: »But at this stage of cinematic development letters, slips of paper, and written announcements or reports were almost more important than intertitles. The telephone as an everyday convenience had not yet established itself. While the telephone makes for direct and immediate communication, thereby creating the possibility of montage, the written report sets up a time divergence.«

In these films, emotional or psychological developments, turns of fate, or the emergence of conflict situations are not really shown on the screen; they often lie in the past before the story begins, or they occur behind the protective screen of an intertitle. For example, in DIE SUMPFBLUME the artist's model Sandra steals 20,000 marks from her admirer, who has borrowed the money from a friend. Any moral or emotional scruples on Sandra's part receive no thematic development; an intertitle merely informs us that six years later Sandra has become a dancer, and then the story-line continues. Other stories begin in already disordered circumstances. From 1914 on, the fami-

getrübten Familienglücks schwieriger zu erklären. Das kleine Mädchen in KASPERL-LOTTE lebt bei einem als Puppenspieler umherziehenden Pflegevater, dem es abgekauft wird; der junge Mann in UND DAS LICHT ERLOSCH ist auf das Wohlwollen seines bösen Vormunds angewiesen; in DIE SCHWARZE KUGEL hat sich eine von drei Schwestern umgebracht, bevor die Geschichte beginnt; auch in DER GEHEIMNISVOLLE KLUB steht die schriftliche Mitteilung eines Selbstmords am Anfang.

In AUF EINSAMER INSEL, UND DAS LICHT ERLOSCH, DIE KINDER DES MAJORS und DIE SUMPFBLUME konkurrieren zwei Männer um dieselbe Frau; im Mittelpunkt stehen jedoch nicht ein emotionales Dilemma, die Entwicklung einer Liebesgeschichte und der Rückzug des ungeliebten Bewerbers, sondern ein Kampf zwischen Männern auf Leben und Tod, als ob die begehrte Frau dem Überlebenden automatisch zufiele. In ihrer Studie über das wilhelminische Kino, ›Die Unheimlichkeit des Blicks‹, entdeckt Heide Schlüpmann, daß die rivalisierenden Männer jeweils Positionen sozialer Gegensätze repräsentieren – arm oder reich, alt oder jung, konservativ oder fortschrittlich; die Entscheidung im Konkurrenzkampf werde zugunsten der Armen, Jungen und Aufgeschlossenen getroffen. Die Autorin verweist mit dieser Beobachtung möglicherweise auf eine Konvention, die das zeitgenössische Publikum ohne weiteres entschlüsseln konnte.

Die Einordnung der Filme als Melodramen ist deshalb vielleicht voreilig. Denn nicht die emotionalen Verwicklungen, das Ausleben von Gefühlen, die inneren Konflikte der Figuren sind den Regisseuren des wilhelminischen Kinos wichtig. Vielmehr inszenieren sie Milieu, Aktion und Attraktion, interessieren sich für fremde Landschaften und städtische Architektur, ausgefallene Berufe, moderne Verkehrs- und Kommunikationsmittel und physische Fähigkeiten.

Nachdem 1913 der Regisseur Max Mack den Bühnenstar Albert Bassermann dazu bewegen konnte, die Hauptrolle in seinem Film DER ANDERE zu spielen, begannen sich auch andere Theaterschauspieler für den Film zu interessieren. In DIE TEUFELSKIRCHE werden im Vorspann die Hauptdarsteller sogar jeweils mit dem Theater genannt, wo

lies in the films are largely fatherless, which can be interpreted as the consequence of military call-ups. It is harder to read meaning into the other variations on family problems and tragedies: the little girl in KASPERL-LOTTE lives with an itinerant puppeteer foster-father, from whom she is bought by her friend's grandparents; the young man in UND DAS LICHT ERLOSCH is dependent on the good will of his evil guardian; in DIE SCHWARZE KUGEL one of the three sisters kills herself before the story begins; and the beginning of DER GEHEIMNISVOLLE KLUB conveys the written notification of a brother's suicide.

In AUF EINSAMER INSEL, UND DAS LICHT ERLOSCH, DIE KINDER DES MAJORS, and DIE SUMPFBLUME, two men vie for the same woman; however, an emotional dilemma, the development of a love story, and the retreat of the defeated suitor are not central concerns of the films, but rather the life-and-death struggle between the men, as if the woman were automatically the prize of the survivor. In *Die Unheimlichkeit des Blicks* (The Strangeness of the Glance), a study of pre-Weimar cinema, Heide Schlüpmann observes that the rival males represent opposite poles: they are either poor or rich, old or young, conservative or progressive; and the contest is decided in favor of the poorer, younger, or more progressive man. Schlüpmann's observation possibly indicates a convention that contemporary audiences could have easily perceived and understood.

So we should perhaps not be in such a hurry to categorize the films as mere melodramas. German directors of that time were not primarily interested in emotional complications, unrestrained feelings, and the inner conflicts of the characters. Rather, they wished to present milieu and action, as well as special attractions from other forms of entertainment. They were intrigued by foreign landscapes and urban architecture, unusual professions, modern means of transportation and communication, and physical prowess.

In 1913 the director Max Mack persuaded Albert Bassermann, a star in legitimate theater, to play the lead role in Mack's film DER ANDERE (The Other Man). Following Bassermann's example, other stage actors began to become interested in

sie sonst zu sehen waren. Thomas Brandlmeier bezeichnet die ersten beiden Dekaden der Filmgeschichte als Goldgrube auch für Theaterwissenschaftler: »Vielfach noch steht die Kamera an einer imaginären Rampe. Die Schauspieler treten auf wie auf der Bühne, kommen und gehen mit einem Gruß in die Kamera. Die Herren ziehen oft sogar den Hut.«

Das Publikum, Adressat dieser Auftritte, ist immer wieder auch in den Filmen selbst zu sehen. Es ist Bestandteil der Varieté-Szenen und sitzt quasi zwischen den Zuschauern im Kino und der Bühne im Film: in den ersten Reihen eines imaginären Theaters, das den Zuschauerraum auf die Leinwand verlängert. Immer aber gibt es auch den Perspektivwechsel. Wenn ein neugieriges Auge durch ein Loch im Vorhang ins Parkett blickt, ist das nur für uns Kinozuschauer sichtbar, nicht jedoch für das Publikum im Film. Dieser eigentlich heimliche Blick von der Leinwand herunter oder aus dem Film heraus kehrt das Verhältnis zwischen Akteuren und Publikum für einen Moment um. Man fühlt sich aus seiner Anonymität herausgerissen und senkt verlegen die Augen.

film. In the credits for DIE TEUFELSKIRCHE, the principle members of the cast were listed along with the theaters where they were engaged. Thomas Brandlmeier calls the first two decades of film history a gold mine for historians of theater: »In many instances the camera stands on an imaginary forestage. The actors appear as if they were going on stage; they greet the camera as they enter and exit. Sometimes the men even take off their hats.«

The make-believe audience to which these entrances and exits are addressed also appears again and again in the films. This audience is an indispensable factor in the music-hall scenes and sits between the actual viewers in the cinema and the stage shown in the film; it occupies, as it were, the first rows of an imaginary theater and seems to extend the live audience onto the screen. But there are always changes in perspective. A curious eye peering at the people through a hole in the curtain is visible only to us viewers in the live audience, not to the audience in the film. This more or less secret glance down from the screen or out of the film momentarily reverses the roles of performers and public. We viewers feel yanked out of our anonymity and bashfully lower our eyes.

WEIHNACHTS-GEDANKEN 1911

CHRISTMAS THOUGHTS 1911

Am Weihnachtsabend bettelt eine junge Frau, die ihre Tochter bei einem Autounfall verloren hat, um Geld. Sie will ein Geschenk für die Tote kaufen. Ein Passant hat Erbarmen, aber der Spielzeugladen ist schon geschlossen. Verzweifelt entreißt sie schließlich einem kleinen Mädchen die Puppe, um sie auf das Grab ihrer Tochter zu legen. Dort stirbt auch sie.

Nur einen Moment sehen wir in die ärmliche Stube hinein, wo die Frau neben der leeren Flasche über dem Tisch zusammengesunken ist, als auch schon die Rückblende einsetzt: zwei Freundinnen im Park, ein Kind, ein Ball. Der kullert weg; das Mädchen läuft hinterher – nach rechts aus dem Bild hinaus. Ganz langsam nimmt die Kamera die Bewegung auf, erfaßt gerade noch die Kleine am Straßenrand, bevor sie auf die Fahrbahn rennt, wieder aus unserem Gesichtsfeld hinaus. Zögernd schwenkt die Kamera mit, erlaubt noch einen kurzen Blick auf das Kind, bevor plötzlich von vorn ein Automobil ins Bild hineinfährt und eine Wolke von Auspuffgasen hinterläßt ...

Im Gegensatz zur lakonisch–ökonomischen Erzählweise der tragischen Vorgeschichte – Nachtmahr einer vor Kummer verwahrlosten Mutter – steht die ausführliche und vergleichsweise schwerfällige Darstellung eines zweiten Traums, der die Handlung erst in Gang bringt. Hinter der weggeklappten Hinterwand der kargen Behausung erscheinen ein Weihnachtsmann und ein mit Geschenken bepackter Esel, die langsam ihres Weges ziehen. Ein langer Zwischentitel muß erklären, was diese Einstellung nicht erzählt ... Nach einem letzten Blick auf das überdimensionale Porträt ihrer Tochter an der Wand verläßt die junge Frau das Haus. Traum, Trunk und Trauer treiben sie durch die blau *viragierte* Heilige Nacht, einsam und verloren. Die wenigen Passanten streben mit gesenkten Köpfen unbekannten Zielen zu; das Unglück der Frau wird erst bemerkt, als sie ein kleines Kind bestiehlt. Der friedliche Tod am Grab ihrer Tochter erlöst sie von ihren Qualen. Sehr große Schneeflocken rieseln auf sie herab, immer noch blau.

It is Christmas Eve. A young woman whose daughter has been killed in an automobile accident begs for money to buy the dead girl a present. A passer-by takes pity on the woman, but the toy store is already closed. In desperation she finally tears a doll away from a little girl in order to place it on her own daughter's grave. She herself dies at the grave.

We are allowed only a glance into the shabby room where the woman is slumped over beside an empty bottle on the table, for the flashback quickly ensues: two girlfriends in the park, a child, a ball. The ball rolls away, and the little girl runs after it – to the right and out of the picture. Very slowly the camera picks up the movement and just manages to catch the little girl on the edge of the street before she runs into the street and, once again, out of the picture. The camera hesitantly follows, permitting one final glimpse of the child before an automobile suddenly rushes forward into the picture, leaving behind a cloud of exhaust fumes ...

The tragic prologue, a nightmare of a mother whom grief has made a derelict, is presented with a laconic spareness. By contrast, the presentation of a second dream, the one which sets the plot in motion, is elaborate and relatively ponderous. The rear wall of the bleak dwelling has been folded back. A Saint Nicholas and a donkey packed with gifts appear and slowly go on their way. A long intertitle is necessary to explain what the scene itself does not ... After a last long look at the oversize portrait of her daughter on the wall, the woman leaves the house. Dream, drink, and grief drive her through the blue-*tinted* Christmas night, lonely and lost. The few passers-by move with lowered heads toward unknown destinations, and the woman's misfortune is not noticed until she steals from a little child. She finds release from her suffering only at the grave of her daughter. Giant snowflakes, still blue in color, waft down on her.

WEIHNACHTSGEDANKEN

DIE VERRÄTERIN 1911

THE TREACHEROUS WOMAN 1911

Aus enttäuschter Liebe zu einem preußischen Leutnant verrät Yvonne den Standort seines Regiments an die gegnerischen Rebellen. Als sie begreift, daß der Leutnant festgenommen und zum Tode verurteilt ist, versucht sie alles, um den Anführer der Aufständischen zur Herausgabe des Gefangenen zu bewegen, doch vergeblich. Da begeht sie einen zweiten Verrat und holt Verstärkung herbei, die gerade noch rechtzeitig zur Rettung des Leutnants eintrifft. Bei dem anschließenden Gemetzel stirbt Yvonne durch eine Kugel des Rebellenführers in den Armen des Geliebten.

Als großbürgerliche Tochter führt Yvonne ein sorgenfreies Dasein, umgeben von einem alten Vater und einer zahlreichen Dienerschaft, die ihr jeden Wunsch von den Augen abzulesen scheinen. Endlich verspricht die Einquartierung eines jungen Offiziers Abwechslung im eintönigen Alltag; mit eleganten Garderoben und raffinierten Frisuren versucht sie, seine Aufmerksamkeit zu erringen; für ihn pflückt sie Blumen, die sie zu großzügigen Buketts arrangiert. Asta Nielsen spielt Yvonne als muntere, verwöhnte Kindfrau, deren einziges Leid die Einsamkeit ist: Neugierig nimmt sie die Mütze des Offiziers, um sie eingehend zu betrachten, mit einer zarten, anrührenden Geste streicht sie über die Uniformjacke, während der Offizier die Mannschaftsräume inspiziert. Als er zurückkommt, rümpft er die Nase, als ob ihm der Duft der frischen Blumen zuwider wäre; sein Bursche muß sie entfernen. Wenig später vertreibt er sich seinerseits die Zeit damit, Yvonne auf konventionelle Weise den Hof zu machen. Für uns, aber nicht für Yvonne durchschaubar, greift er auf sein begrenztes Repertoire von Höflichkeitsbezeugungen zurück, die er einem militärischen Leitfaden für den Umgang mit Damen in der Öffentlichkeit entnommen haben könnte: knappe Verbeugungen, Handküsse auf Brusthöhe, zwei Schritt Abstand beim Spaziergang, interessiert nach vorn geneigter Oberkörper und ein fester Blick beim Abschied. Wie bei seiner Reaktion auf die Blumen Yvonnes kommen auch im direkten Rencontre mit ihr seine mangelnde Phantasie und sein schlichtes Gemüt zum Ausdruck.

Frustrated in her love for a Prussian lieutenant, Yvonne betrays the location of his regiment to the partisans. She learns that the lieutenant has been captured and condemned to death, and does everything she possibly can to persuade the leader of the partisans to free the prisoner. Her efforts are in vain. Then she commits a counter-betrayal and leads reinforcements against the partisans. The troops arrive just in time to save the lieutenant; but in the ensuing battle Yvonne is hit by a bullet from the leader of the partisans. She dies in the lieutenant's arms.

The daughter of a well-to-do patrician family, Yvonne leads a carefree life with her aged father and an entourage of servants who seem able to anticipate her every wish. The billeting of a young officer in her home finally promises to introduce a welcome variety to her everyday routine; with elegant apparel and charming hairdos she tries to attract his attention; she even plucks flowers for him, arranging them in magnificent bouquets. Asta Nielsen plays Yvonne as a vivacious, pampered, immature young lady whose loneliness is the one painful thing in her life. While the officer is inspecting the rooms allotted to his men, she picks up his hat and studies it intensively; with a tender and touching gesture she moves her hand over the jacket of the uniform. When he comes back, he turns up his nose; the scent of the fresh flowers is evidently disagreeable to him, and his orderly must remove them. Soon afterward he occupies himself with courting Yvonne in the perfunctory manner of a soldier. To us, but not to Yvonne, it is clear that he relies on his standardized and limited repertoire of courtesies, which he could have taken from a military manual on how to behave toward ladies in public: quick bows, kisses on the hand at chest-height, two paces' distance while strolling, torso bent slightly forward so as to express interest, and a firm and steady gaze while saying good-bye. All this, like his attitude toward Yvonne's flowers, expresses his lack of imagination and his otherwise unadorned personality.

Yvonne cannot see through his behavior. Her own imagination has long since given the lieu-

Photo Freddy Wingardh

Yvonne kann das nicht sehen, weil ihre Phantasie dem Offizier schon längst die männliche Hauptrolle in einem Spiel zugedacht hat, das ›Liebe‹ heißt und ihn zwangsläufig begehrenswert macht. Als sie ihm einen Besuch an der Front abstattet und barsch von ihm nach Hause geschickt wird, ist sie gekränkt und erweitert den Kreis der Mitspieler. In einem dunklen Umhang stiehlt sie sich des Nachts davon, um unauffällig zum Treffpunkt der Aufständischen vordringen zu können. Später verkleidet sie sich mit einer Uniform, um nicht ein zweites Mal als Frau des Kriegsschauplatzes verwiesen zu werden. Mit immer neuen Einfällen kämpft Yvonne zuallererst gegen die eigene Langeweile.

Anders als der ein Jahr später gedrehte Film MADELEINE, der ebenfalls von weiblichem Verrat handelt, verfügt DIE VERRÄTERIN über eine elegante Dramaturgie, die Zwischentitel fast überflüssig macht. Während in MADELEINE die Außenwelt nur durch schriftliche Nachrichten – die auch das Publikum zu lesen bekommt – in den bürgerlichen Salon eindringt, wird sie in DIE VERRÄTERIN durch die Hauptfigur erschlossen, deren Aktionsradius parallel zu ihrem emotionalen Engagement wächst. Zuerst verläßt Yvonne das Zimmer, bald schon das Haus, schließlich das Grundstück. Für ihre Abenteuerlust muß sie jedoch mit dem Leben bezahlen.

tenant the male lead in a play called »Love«, thus making him inexorably desirable. She visits him at the front and is brusquely sent home. The embittered girl decides to extend the cast of her play. She wraps herself in a dark cloak, steals off into the night, and inconspicuously makes her way to the meeting place of the partisans. She later dons a military uniform so as not to be expelled from the field a second time because she is a woman. A steady flow of new ideas and tricks helps Yvonne to fight first and foremost against her own boredom.

Unlike MADELEINE, which was made a year later and also deals with the topic of female treachery, DIE VERRÄTERIN boasts an elegant dramaturgy which makes intertitles almost superfluous. In MADELEINE the world outside penetrates into the bourgeois salon only through written reports – which the audience is also given to read. DIE VERRÄTERIN embodies this world in the film's main figure, whose sphere of action broadens as her emotional involvement grows. First Yvonne leaves her room, then the house, and finally the estate. But her thirst for adventure will cost her her life.

MADELEINE 1912

MADELEINE 1912

Während des preußisch-französischen Krieges verlobt sich Madeleine mit einem deutschen Ingenieur. Als ihr Bräutigam seine Einberufung erhält, versucht sie vergeblich, ihn davon abzubringen, sich bei seinem Regiment zu melden. Nach einer langen Zeit der Sehnsucht hört sie, daß man ihren Verlobten als Spion verhaftet hat. Sie sucht ihn in seinem Gefängnis auf, wo er auf die Vollstreckung des Todesurteils wartet. An dem letzten Brief an seine Mutter erkennt Madeleine, daß er unschuldig ist. Da verhilft sie ihm zur Flucht. Zu seinem Regiment zurückgekehrt, läßt der Offizier sofort die französische Einheit angreifen, die sich auf dem Landsitz von Madeleines Vater verschanzt hat. Dabei wird auch Madeleine von einer deutschen Kugel getroffen.

Der deutsch–französische Krieg von 1870/71, Vater und Tochter auf einem vornehmen Landsitz, ein schmucker Offizier, der das Wohlgefallen beider erregt, ein zum Tode Verurteilter in einer finsteren Zelle – nicht nur Orte und Figuren in MADELEINE ähneln den Konstellationen in DIE VERRÄTERIN, auch die Motive der Titelheldinnen gleichen sich; aus Liebe verraten sie das Vaterland und die Interessen der eigenen Klasse.

Emotionen sind die Grundlage ihres Handelns: Yvonne in DIE VERRÄTERIN wechselt die Seiten je nach aktueller Gefühlslage; der Krieg ist ein aufregendes Spiel, das ihr die Langeweile vertreibt und den ersehnten Mann ins Haus bringt. Madeleine versucht, mit dem Einsatz ihres Körpers den Mann an der Ausübung der vaterländischen Pflicht zu hindern, bevor sie in die Geschehnisse eingreift. Aber Krieg ist Männersache; den prinzipienlosen Frauen ist nicht zu trauen. Den Ernst der Lage begreifen beide erst, als die Geliebten vom Tode bedroht sind. Dann rettet ihr Eingreifen zwar den Männern das Leben, jedoch um den Preis des eigenen – die gerechte Strafe für so viel Einmischung und Warnung an all diejenigen, die sich mit dem Warten nicht begnügen wollen.

During the Franco-Prussian War Madeleine becomes engaged to a German engineer. The engineer receives orders to report for military service, and Madeleine tries in vain to persuade him not to join his regiment. After a long period of loneliness and longing she learns that her fiancé has been arrested as a spy. She goes to see him in prison, where he is awaiting his execution. His final letter to his mother proves to Madeleine that he is innocent. She helps him escape. Having returned to his regiment, the officer immediately orders an attack on the French unit which had captured him, and which has meanwhile entrenched itself on the country estate of Madeleine's father. During the battle Madeleine is killed by a German bullet.

The Franco-Prussian War of 1870–71, father and daughter living on an aristocratic estate, a dapper officer who endears himself to both father and daughter, a man in a dark cell awaiting execution – the places and figures in MADELEINE parallel those in DIE VERRÄTERIN. And the motives of the two heroines are also similar: for love they betray their country and the interests of their own class.

Emotions are the basis for their actions. Yvonne in DIE VERRÄTERIN changes sides according to her feelings of the moment; she regards the war as an exciting game which dispels boredom and brings the longed-for man into the house. Madeleine uses her body in her attempt to keep her beloved from doing his duty as a soldier, and then hurls herself directly into the war. But war is a man's world; and women, who generally have no principles, are not to be trusted. The two heroines comprehend the seriousness of the situation only when the men they love are threatened with death. Their direct intervention does save the lives of their lovers, but at the cost of their own lives – a just punishment for having meddled in other people's business and a warning to all those who do not wish to be content with waiting.

MADELEINE: Ilse Oeser

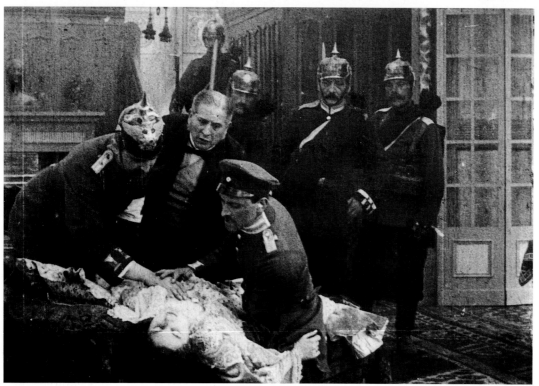

MADELEINE: Ilse C

ZWEIMAL GELEBT 1912   # TWICE LIVED 1912

Als ihre Tochter beim Spaziergang beinahe von einem Automobil angefahren wird, erleidet die Mutter einen Schock, von dem sie sich nicht mehr erholt. Nach einigen Tagen im Sanatorium, wo sich der behandelnde Arzt in sie verliebt, stirbt sie einen Scheintod. Sie erwacht, als der Arzt neben der aufgebahrten Leiche trauert. Sofort erkennt er, daß die Frau ihr Gedächtnis verloren hat und ergreift seine Chance: Er reist mit ihr ins Ausland. Doch auch ihr Mann und ihre Tochter halten sich dort auf, um sich über den Verlust der Mutter zu trösten. Bei einer Begegnung mit ihrem Kind kommen die Erinnerungen der jungen Frau zurück. Hin- und hergerissen zwischen ihren beiden Leben, stürzt sich die Unglückliche von einer Brücke, bevor sie zu einer Entscheidung gezwungen werden kann.

Zittrige Buchstaben tanzen über die Telefonleitung zwischen den beiden Masten: »Der Zustand der Patientin ist noch immer bedenklich.« Diese Nachricht vermittelt fernmündlich der Arzt dem Ehemann der Patientin; nach dem Gespräch legen beide Männer mit der gleichen Umsicht den Hörer zurück, nachdenklich vor Sorge um die geliebte Frau, vorsichtig aber auch im Umgang mit der technischen Apparatur, deren Handhabung noch nicht zu den Selbstverständlichkeiten des Alltags gehört. Die visuelle Spielerei – eine in den Film montierte, beschriftete Landschaftsfotografie – erspart den Zwischentitel und nimmt das Ende des Films vorweg. Dann nämlich steht die ehemalige Patientin schwankend zwischen zwei Baumstämmen; die beiden Männer erscheinen ihr an jeweils einen Stamm gelehnt, mit ausgestreckten Armen. Im Hintergrund ist schon die elegante Stahlkonstruktion der Brücke zu sehen, von der sie sich in den endgültigen Tod stürzen wird.
   Die wenigen Automobile, die um 1910 die Straßen deutscher Großstädte kreuzten, müssen den Zeitgenossen mit ihrer nie gekannten Geschwindigkeit so unheimlich gewesen sein, daß ihre Existenz Anlaß für tragische Geschichten gab. Sowohl in WEIHNACHTSGEDANKEN als auch in ZWEIMAL GELEBT entscheidet ein anscheinend führerloses Automobil, eine rasende, seelenlose Maschine, über das Schicksal junger Mütter. Die

A little girl narrowly escapes being hit by a car while taking a walk; her mother, thinking she has really been hit, suffers a shock from which she cannot seem to recover. The woman spends several days in a sanatorium, and the doctor to whom she is assigned falls in love with her. Then she actually seems to die. She awakens to discover the grieving doctor holding a vigil next to her. It does not take long for him to recognize that she has lost her memory. He seizes his chance and travels abroad with her. But they go to the same place where her husband and daughter have gone to try to assuage their grief. She encounters the child, and recovers her memory. Torn between her two lives, the ill-fated woman jumps off a bridge before she can be forced to make a decision.

Trembling letters dance over the wire between two telephone poles: »The condition of the patient is still critical.« The doctor is transmitting this message to the woman's husband. After the conversation the two men carefully hang the receiver back on the telephone; both are pensive with worry about their beloved, but they are also diffident in their use of an apparatus which has not yet become a familiar part of everyday life. The visual play – utilizing a landscape photograph with writing on it – eliminates the need for intertitles. It also anticipates the conclusion of the film, when the former patient stands wavering between two tree trunks, and the two men appear, each with outstretched arms and leaning against one of the trunks; in the background we can already see the elegant steel structure of the bridge from which she will hurl herself into permanent death.
The few automobiles which rushed with previously unknown speed through the streets of larger German cities around 1910 must have been so awesome to the local populations that these new machines could not help but give rise to tragic stories. In WEIHNACHTSGEDANKEN and ZWEIMAL GELEBT an ostensibly driverless car – a hurtling, soulless machine – determines the fate of the two young mothers. The outdoor scenes in both films make passing reference to the rest of the traffic: horse-drawn wagons, bicycles, and pedestrians. The husband of the unconscious mother in ZWEI-

Außenaufnahmen in beiden Filmen erzählen en passant auch vom übrigen Straßenverkehr; der besteht aus Pferdefuhrwerken, Fahrrädern und Fußgängern. So wird die bewußtlose Mutter in einer vom Ehemann angehaltenen Kalesche eines hilfsbereiten Passanten ins Sanatorium gefahren – gemächlich, trotz der Notlage. Später verfrachtet der Arzt sie freilich direkt von der Bahre in sein Automobil: ein Fahrzeug, das – wie die Absichten seines Besitzers – unseriös und gefährlich ist.

Das offene Automobil, in dem sich die junge Frau in DER GEHEIMNISVOLLE KLUB auf die Suche nach ihrem Verlobten begibt, um ihn aus den Fängen des Verbrechers zu befreien, ist dagegen weder funktional noch formal bedrohlich; mit seinen hohen Rädern und seiner wannenartigen Karosserie erinnert es noch sehr an einen Pferdewagen.

Der Designhistoriker Heinz Fuchs schreibt über die Entwicklung eines Automobiltyps: »Das Gefährt, das Benz 1886 ganz technisch entwickelte, nimmt sehr bald die Form einer Pferdekutsche an; freilich ohne Deichsel, was es für Zeitgenossen ein wenig seltsam und ungewöhnlich erscheinen ließ. ›Ersatz für Pferde‹, so wirbt ausdrücklich die Fabrik in Zeitungen und Katalogen für die zwei- bis zwölfsitzigen Patent-Motorwagen ›Benz‹. Mit den neunziger Jahren, als auch die industrielle Fertigung beginnt, wird die Kutschenform aufgegeben und der eigentliche Anfang zum Automobil-Design gemacht. Waren die notwendigen Teile bis dahin gewissermaßen zusammengesetzt, so sorgt jetzt die wohlerwogene Organisation der Elemente dafür, daß sich etwa Motor mit Kühler, Fahrgestell und Platz für Chauffeur und Fahrgäste zu einer Formeinheit verbinden.«

MAL GELEBT stops a helpful man in a carriage; despite the emergency they are conveyed to the sanatorium in, as it were, quiet comfort. By contrast, the doctor later takes her straight from the bier to his automobile, which, like the intentions of its owner, is frivolous and dangerous.

But the depiction of cars in the films of the time need not be consistently negative. The open automobile in which the young woman in DER GEHEIMNISVOLLE KLUB searches for her fiancé in order to free him from a criminal's clutches poses no threat at all, either literally or symbolically; with its high wheels and tublike body it is reminiscent of a horse-drawn vehicle.

The design-historian Heinz Fuchs writes the following on the development of one particular type of automobile: »The vehicle which Benz developed along completely technological lines in 1886 soon took on the form of a horse-drawn carriage, though naturally without the shafts, which made the contraption look a little strange to contemporary beholders. In newspapers and catalogues the factory expressly advertised its new two-to-twelve-seat ›Benz‹ patented motorwagon as a ›replacement for horses‹. At that time the various parts of the machine were joined together with more regard to function than to form. In the 1890's, as industrial production developed, the carriage-form was abandoned and true automobile design was initiated; careful engineering and organization created a unified whole from such disparate elements as motor and radiator, frame and seating area for chauffeur and passenger.«

Zweimal gelebt

Zweimal gelebt:
Eva Speyer

ZWEIMAL GELEBT

ZWEIMAL GELEBT:
Eva Speyer

DER GEHEIMNISVOLLE KLUB 1913

THE MYSTERIOUS CLUB 1913

Als Gerhard Bern erfährt, daß sein Bruder sich in Rotterdam umgebracht hat, begibt er sich zusammen mit einem Detektiv auf die Suche nach Spuren seines Bruders. Der Konsul Verstraaten, mit den örtlichen Bedingungen vertraut, soll ihm helfen. Gerhard verliebt sich in Ilse, die Tochter des Konsuls, während der Detektiv entdeckt, daß das Vermögen von Gerhards Bruder einem Herrn van Geldern überschrieben wurde, der einen geheimnisvollen Spielclub unterhält. Gerhard tritt dem Club bei und erfährt, daß es sich um eine Versammlung von potentiellen Selbstmördern handelt, die mit dem Einsatz ihres Lebens Karten spielen. Wer das Pik-As zieht, muß sich umbringen und van Geldern sein Vermögen überschreiben. Gemeinsam mit dem Detektiv und Ilse kann Gerhard dem Schurken das Handwerk legen.

Drei Filme dieses Programms sind von Joseph Delmont inszeniert: Außer DER GEHEIMNISVOLLE KLUB sind dies AUF EINSAMER INSEL und DAS RECHT AUFS DASEIN. In allen dreien besetzt er selbst eine der männlichen Hauptrollen, die Hauptdarstellerinnen wechseln. Während Delmont in AUF EINSAMER INSEL einen armen, in Seenot geratenen Fischer spielt, der unfreiwillig zum Weltenbummler wird und damit den Hauptschauplatz des Films für einige Zeit verläßt, stellt er in den beiden anderen Filmen zwielichtige, ausgesprochen großstädtische Figuren dar. Der 1873 in Niederösterreich geborene Delmont hatte seine Karriere als Artist und Dompteur begonnen. Die amerikanische Vitagraph beschäftigte ihn ab 1902 bei Cowboy– und Tierfilmen. Um 1910 kam er nach Berlin, wo er ab 1911 eine große Anzahl von Abenteuerfilmen inszenierte und selbst darin mitspielte.

Von seinen artistischen Fähigkeiten macht er extensiven Gebrauch: Er klettert an Seilen hoch oder rutscht an Rohren herunter, er balanciert auf Baugerüsten und kriecht über Dachfirste, er springt von Brücken oder auf fahrende Züge, er rollt Böschungen hinunter und wechselt mit großer Waghalsigkeit von einem rasenden Vehikel zum anderen. Als Abenteurer und Weltenbummler war er, wie Heide Schlüpmann schreibt, mit der Dynamik des Großstadtlebens und den modernen Verkehrsmitteln vertraut und neugierig

Gerhard Bern learns that his brother has committed suicide in Rotterdam. Together with a private detective, Gerhard sets off in search of any traces his brother may have left behind. Consul Verstraaten, familiar with local conditions, will help him. Gerhard falls in love with Ilse, the Consul's daughter, while the detective discovers that the financial assets of Gerhard's brother have been signed over to a gentleman named van Geldern, who presides over a mysterious club for card players. Gerhard joins the club, and finds out that it is an assembly of potential suicides. The members stake their lives in their games; whoever draws the ace of spades must kill himself and leave all his money to van Geldern. Finally Gerhard manages to end the scoundrel's activity.

Joseph Delmont directed three of the films in our program: DER GEHEIMNISVOLLE KLUB, AUF EINSAMER INSEL, and DAS RECHT AUF DASEIN. In all three films, Delmont plays a male lead opposite different actresses. In AUF EINSAMER INSEL he is a poor fisherman who is shipwrecked on a lonely island and then becomes an involuntary globetrotter, thus leaving the main scene of the story for some time. In the other two films he is a shady and decidedly urban character. Delmont was born in Lower Austria in 1873. His career began with jobs as a circus performer and animal tamer. In 1902 he started working in cowboy and animal films for the American company Vitagraph. Around 1910 he went to Berlin, where, starting in 1911, he directed and acted in a great number of adventure films.

In his films Delmont made extensive use of his talents as a circus performer: he climbed up ropes and slid down drainpipes, he did balancing acts on scaffolding at construction sites, he crept across eaves, he rolled down slopes and jumped from moving trains, he leaped with great audacity from one hurtling vehicle to another. The adventurer and globetrotter Delmont was, as Heide Schlüpmann writes, familiar with the dynamics of big-city life and with modern means of transportation, and had sufficient curiosity to combine the latest technical developments in cinematography with dramaturgical and aesthetic experiments.

DER GEHEIMNISVOLLE
KLUB

DER GEHEIMNISVOLLE
KLUB:
Joseph Delmont,
Ilse Bois,
Fred Sauer

genug, um die technischen Entwicklungen der Kinematografie mit dramaturgischen und ästhetischen Experimenten zu verbinden.

Seine gedrungene Statur, der dichte, dunkle Schnurrbart und der immer etwas verstrubbelte Haarschopf unterscheiden ihn von seinem Gegenspieler Fred Sauer, der glatter, bürgerlicher und korrekter, im Grunde deutscher, wirkt. Delmonts Figur in DER GEHEIMNISVOLLE KLUB ist die eines skrupellosen Betrügers, der seinen windigen Geschäften überall nachgehen kann und wohl schon oft Verfolger abschütteln mußte – der ganze dritte Akt ist der Verfolgungsjagd gewidmet –, seine körperlichen Fertigkeiten legen diese Vermutung nahe. In DAS RECHT AUFS DASEIN wird die Delmont-Figur zwar zu Unrecht verfolgt, ist aber immerhin ein Ex-Sträfling und damit in einer vor der Filmhandlung liegenden Vergangenheit ebenfalls häufig auf der Flucht gewesen.

Auf die Internationalität des Milieus in DER GEHEIMNISVOLLE KLUB wird noch mit anderen Mitteln hingewiesen. Der Konsul Verstraaten bewohnt eine große Stadtvilla mit riesigem Garten und einer kleinen Menagerie exotischer Tiere. Er wird sich, wie so viele Filmhelden der Jahre vor dem Ersten Weltkrieg, für einige Zeit in den Kolonien aufgehalten haben.

His stocky frame, his thick dark mustache, and his always somewhat disheveled hair provided a marked contrast to his counterpart Fred Sauer, who made a more refined, proper, middle-class impression – one can basically say that Sauer seemed the more »German« of the two. Delmont's role in DER GEHEIMNISVOLLE KLUB is that of an unscrupulous confidence-man who can carry on his dubious activities wherever he wishes and whose acrobatic skills also seem to testify to his having been chased a lot in his life – the film's entire third act is a chase scene. In DAS RECHT AUF DASEIN the character Delmont plays is pursued unjustly but has a prison record, which would lead us to assume that justification for chasing him has existed in the past.

The international milieu in DER GEHEIMNISVOLLE KLUB is underscored in several ways. For example, Consul Verstraaten lives in a large house in town; the house has a huge garden and a small menagerie of exotic animals. Verstraaten, like so many heroes on the silver screen in the years before the First World War, has probably spent some time in the colonies.

DAS RECHT AUFS DASEIN 1913

Alarmiert vom herausdringenden Lärm, verschafft der entlassene Sträfling Joseph Dermott sich Zugang zum Haus Ediths, die er bewußtlos am Fuß der Treppe vorfindet. Schnell flieht er; kurz darauf entdeckt die von der heimgekehrten Haushälterin herbeigerufene Polizei Spuren Dermotts, der nun wegen Einbruchs und versuchten Mordes steckbrieflich gesucht wird. Nach einer wilden Verfolgungsjagd erreicht Dermott einen Ort, wo sich auch Edith inzwischen zur Erholung aufhält. Sie hat beim Sturz von der Treppe das Gedächtnis verloren und soll operiert werden, dazu ist jedoch eine Blutspende nötig. Dermott stellt sein Blut zur Verfügung; und an der Tätowierung auf seinem Unterarm erkennt der Arzt den steckbrieflich gesuchten Kriminellen. Die Polizei in Berlin wird verständigt, aber Edith, die sich nun wieder erinnert, spricht Dermott von jedem Verdacht frei.

DAS RECHT AUFS DASEIN zerfällt in zwei Teile; der erste erzählt von der Arbeit der Polizei und den modernen Methoden der Verbrechensaufklärung: Von einer Fußspur auf dem Kiesweg im Garten des vermeintlichen Opfers wird ein Gipsabdruck angefertigt; ein auffälliger, schwarzer Fingerabdruck an der weißen Hauswand wird fotografiert. Gleich darauf entwickelt ein Laborant die Fotoplatten – die *Virage* simuliert das rote Licht der Entwicklerlampe. Experten für *Daktyloskopie* vergleichen die Fingerabdrücke mit der Verbrecherkartei und identifizieren den Gesuchten; nach den der Kriminalpolizei vorliegenden Angaben wird ein Steckbrief angefertigt und an allen Litfaßsäulen ausgehängt. Nun läuft die Fahndungsmaschinerie an; Heere von Polizisten durchkämmen einschlägige Lokale oder besuchen, inkognito, auch feinere Häuser.
   Der zweite Teil des Films berichtet von der abenteuerlichen Flucht des zu Unrecht verdächtigten Joseph Dermott, dem es mittels Scharfsinn und akrobatischer Fähigkeiten gelingt, durch die feinen Maschen des kriminologischen Netzes zu schlüpfen und seine Verfolger immer wieder abzuschütteln. Für diese Rolle setzt der Schauspieler und ehemalige Artist Joseph Delmont sein ganzes artistisches Können ein.

THE RIGHT TO EXIST 1913

Alarmed by noises coming out of a house, the ex-convict Joseph Dermott manages to enter the building. There he finds a woman named Edith lying unconscious at the foot of the stairs. He flees immediately. The housekeeper returns home and summons the police, who find traces of Dermott. Suspected of burglary and attempted murder, Dermott again becomes a fugitive. In the course of a wild manhunt Dermott happens to arrive at the clinic where Edith is now a patient; she has been suffering from amnesia since her fall on the staircase. An operation has been planned, but a blood donor is needed. Dermott volunteers; the doctor notices the tattoo on his underarm and identifies him as the wanted criminal. The Berlin police are notified, but Edith recovers her memory and clears Dermott of all suspicion.

DAS RECHT AUFS DASEIN is divided into two parts. The first tells of police work and modern methods of criminal investigation. A plaster cast is made of a footprint on the gravel path in the garden; a conspicuous black fingerprint on the white wall of the house is photographed. Right afterward a laboratory technician develops the plates; tinting simulates the red light of the developer's lamp. Fingerprint experts compare the prints from the scene of the crime with those in the records. The experts identify the fugitive. With the relevant information now available, wanted-posters are displayed all over town. The search is launched; armies of police comb the city, raiding low-life taverns and making plainclothes visits to more respectable establishments.
   The film's second part presents the adventurous flight of the unjustly accused Dermott. Intelligence and acrobatic prowess enable him to defy the most elaborate police dragnets and to slip through the fingers of his pursuers again and again. The actor and former circus acrobat Joseph Delmont invests this role with all the talent and experience at his disposal.

Auf einsamer Insel:
Joseph Delmont

AUF EINSAMER INSEL 1913

ON A LONELY ISLAND 1913

Zwei Fischer, der reiche Pieter und der arme Dirk, werben um Sytje. Sie liebt Dirk; den Heiratsantrag Pieters lehnt sie ab. Um den Rivalen loszuwerden, heckt Pieter einen teuflischen Plan aus: Als Dirk bei einer gemeinsamen Fahrt auf dem Kutter einschläft, läßt sein Widersacher Segel und Steuer verschwinden und rudert mit dem Rettungsboot bis kurz vor die Küste. Dann schwimmt er an Land und täuscht einen Schiffbruch vor. Dirk indessen strandet nach mehreren Tagen fast verhungert auf einer einsamen Insel. Schließlich entdeckt die Besatzung eines Segelschiffes sein als Notsignal gehißtes Hemd und rettet ihn. Die nächsten Jahre verbringt er in fernen Ländern. Währenddessen hat Pieter ein zweites Mal um Sytjes Hand angehalten; die beiden heiraten und bekommen ein Kind. Sein Gewissen läßt Pieter jedoch nicht ruhen, und er verfällt der Trunksucht. Eines Tages kommt Dirk in die Heimat zurück …

Der Film beginnt mit dem Blick in ein anheimelndes Interieur: eine große, helle Wohnstube mit geschrubbten Dielen, Tellern an den Wänden, einem Kachelofen. Drei junge Frauen sind mit Hausarbeiten beschäftigt; dazwischen steht der Vater, eine lange Pfeife rauchend.

Die beiden Männer, die nacheinander an Sytje herantreten, unterscheiden sich äußerlich auf den ersten Blick kaum. Aber ihre Gestik charakterisiert sie. Der reiche Pieter hat einen Fuß auf den Stuhl der Frau gestellt und kommt ihr, heftig gestikulierend und auf sie einredend, viel zu nah. Als sie ihm einen Schubs mit dem Ellenbogen gibt, wird seine Haltung drohend. Dirk dagegen stellt sich neben Sytje, legt zur Begrüßung eine Hand auf ihre Schulter und entfernt sich dann wieder, um sie ansehen zu können, wenn er mit ihr spricht. Auch sie sieht von ihrer Arbeit auf, streichelt seinen Hund und lächelt; ihre Entscheidung ist längst gefallen. Das gleiche Interieur wird in der letzten Einstellung noch einmal verwendet, wenn Sytje und Dirk einander endlich gefunden haben; diesmal allerdings streichelt Dirk Sytjes Kind.

Die beiden im Studio gedrehten häuslichen Szenen fassen einen Film ein, der sonst fast nur aus weiten Landschaftstotalen besteht. Draußen nämlich gehen die Bewohner eines Dorfes auf der In-

We are introduced to two fishermen. Pieter is rich and Dirk is poor. Both are courting Sytje. She loves Dirk, and rejects Pieter's proposal. Pieter concocts a diabolical plan to rid himself of his rival. The two fishermen put out to sea together; Dirk falls asleep; Pieter throws the sail and the rudder overboard, takes the lifeboat and rows to within a short distance of the coast; then he swims to shore and reports a shipwreck. After several days adrift at sea, and almost starved to death, Dirk is beached on a lonely island. The crew of a sailing ship notices his distress signal: a shirt hoisted like a flag. He spends the next few years in faraway lands. Meanwhile Pieter has made a second attempt to win Sytje, and this time he is successful. They marry and have a child. But Pieter, plagued by his conscience, starts to drink heavily. And one day Dirk finally returns …

The film begins with a warm and cozy interior scene: a large, bright room with a freshly scrubbed floor, plates on the walls, and a tile stove. Three young women are busy with housework; and amidst them stands their father, smoking a long-stemmed pipe.

The two fishermen enter one after the other and walk up to Sytje, who is sitting in the foreground. At first glance the two seem rather similar in appearance, but their gestures reveal that they are quite different. The rich Pieter puts his foot on her chair; he gesticulates excitedly as he bombards her with words – in short, he literally and figuratively comes too close to her. When she gives him a shove with her elbow, his gestures take on a threatening aspect. Dirk, on the other hand, places himself next to Sytje, lays a hand on her shoulder by way of greeting, and then moves back in order to look at her while he talks. She responds by looking up at him from her work, petting his dog, and smiling. Obviously she has long since made her decision. In the film's concluding scene, we see the same interior. Sytje and Dirk have found each other; and this time Dirk caresses Sytje's child.

The two domestic scenes provide a framework for a film which otherwise consists almost entirely of long shots of landscapes. The story is presented

AUF EINSAMER INSEL:
Mia Cordes,
Joseph Delmont

AUF EINSAMER INSEL:
Joseph Delmont

sel Marken im südlichen Ijsselmeer ihrem Tag-
werk nach. Dadurch hat der Film an manchen
Stellen dokumentarischen Charakter. Man würde
gern mehr über die Arbeits- und Lebensbedin-
gungen der Bäuerinnen und Fischer erfahren, die
im Hintergrund gemächlich und ungerührt ihre
Arbeit verrichten. Durch die sorgfältige Auswahl
des Kamerastandpunktes und die fotografische
Komposition der Einstellungen von der Heuernte
am Deich oder von der Ausfahrt und Landung der
Fischkutter scheint die Inszenierung der Statisten
obsolet; sie gehören in die Landschaft hinein, er-
gänzen sie zu pastoralen oder maritimen Ta-
bleaus: »Neben den Anklängen an die ›Nieder-
länder‹ ist eine Nähe zur realistischen, in der
Lichtbearbeitung impressionistischen Kunst Lie-
bermanns, Leibls etwa deutlich, die sich gegen
den Muff, die Überladenheit gründerzeitlicher
Ästhetik wandte. Es ist, als wolle der Film zeigen,
wie er die Malerei in dieser Hinsicht noch über-
treffen kann. Die Holzplanken der Bootsstege at-
men die Wärme der Sonneneinstrahlung und das
Paar, das auf ihnen sitzt, das Glück der Nähe«,
beobachtet die Filmhistorikerin Heide Schlüpmann. Die harmonischen Totalen der strahlenden
Sommerlandschaft werden durch die melodra-
matische Handlung, die sich darin entwickelt, jedoch plötzlich jeder Heiterkeit beraubt.

Die Fremde dagegen, in die es Dirk verschlägt,
wirkt neutral, anonym und urban. Von einem
großen Passagierschiff geht Dirk an Land, Backsteinbauten, Kräne und Schiffsmasten verstellen
die Sicht auf den Horizont im fernen Hafen. Im
Gegensatz zur lichten, luftigen holländischen
Stube steht auch das düstere, mit schweren Mö-
beln vollgestellte Kontor eines Reeders. Aber es
ist diese fremde, visuell als eng charakterisierte
Welt, die Dirk eine unbedrohte Existenz ermöglicht.

against a background of actual inhabitants of a
real village going about their everyday tasks on
the island of Marken in the southern Zuider Zee.
This renders a documentary character to much of
the film, making us wish we could learn more
about the working and living conditions of the
farm women and fishermen who seem so serene
and undisturbed in the background. Careful camera perspectives and the photographic composi-
tion for the scenes of hay-harvesting and of the
fishing boats departing and returning seem to
make the staging and directing of extras unneces-
sary: these people are part of the landscape and
elevate it to a pastoral or maritime tableau. Heide
Schlüpmann comments: »Aside from reminis-
cences of the Dutch Masters, there is an approach
toward Liebermann or Leibl, whose realistic art
was refined by their impressionistic tratment of
light and expressed a rejection of the stuffy top-
heaviness in conventional aesthetics that pre-
vailed around 1900. It is as if the film were an attempt to outdo painting in this respect. The
wooden planks of the jetties breathe the warmth
of the sun's rays, and the couple sitting on the
planks exudes the joy of being together.« But the
harmonious long shots of the summery landscape
are abruptly robbed of all serenity by the melodramatic plot developing within it.

On the other hand, the foreign territory in which
Dirk arrives seems neutral, anonymous, and urban. Dirk disembarks from a large passenger ship;
his view of the horizon in the unfamiliar port is
blocked by brick buildings, cranes, and masts. In
contrast to the sunny, airy room in the Dutch
home, a shipowner's gloomy office stuffed with
heavy furniture now presents itself. But it is this
very world, though foreign and visually cramped,
which offers Dirk an unthreatened existence.

DIE SCHWARZE KUGEL

DIE SCHWARZE KUGEL ODER DIE GEHEIMNIS-VOLLEN SCHWESTERN 1913

THE BLACK BALL, OR THE MYSTERIOUS SISTERS 1913

Gussy, Schwester der Artistinnen Edith und Violetta, ist freiwillig aus dem Leben geschieden, weil der Mann, den sie liebte, ein Betrüger war. Sie hinterläßt ihren Schwestern eine Fotografie dieses Mannes und einen Brief mit der Bitte, sie zu rächen. In dem Vicomte Giron, einem Verehrer Violettas, erkennt Edith schon bald den Mann, der Gussy ins Unglück stürzte. Violetta verzichtet auf die Liebe, und gemeinsam konfrontieren die beiden den skrupellosen Frauenhelden mit der Tatsache, daß sie über seinen Lebenswandel Bescheid wissen. In die Enge getrieben, fleht er die Schwestern an, ihm zu verzeihen. Sie verzichten zwar darauf, ihn zu erschießen, vergeben ihm jedoch nicht seine Schuld.

Drei Schwestern, Varietékünstlerinnen, von denen eine an gebrochenem Herzen stirbt; das Verhältnis der anderen beiden zu dem für das Leid verantwortlichen Mann: Nicht nur der Abenteuerfilm DIE SCHWARZE KUGEL variiert diese Grundmotive, sondern auch das fünf Jahre später gedrehte Melodram DIE LIEBE DER MARIA BONDE. Beide Filme enden tragisch: Die tatsächlich oder vermeintlich Schuldigen gehen als Opfer ihres Gewissens zugrunde.

In DIE SCHWARZE KUGEL beginnt die Varieté-Vorstellung mit einer Nummer, deren Attraktivität in der Verdoppelung liegt: Zwei Frauen in Rokoko-Kostümen schwingen auf zwei Brettern sanft hin und her; die Schaukelseile sind mit Blumenranken umwunden; zwei Kavaliere mit gepuderten Perücken knien zu ihren Füßen. Beim Auftritt der ›Geheimnisvollen Schwestern‹ direkt danach flankieren zwei Monster die Bühne; und die Artistinnen, unkenntlich mit ihren Masken und gleichen Kostümen, jonglieren einander zugewandt, in rasender Geschwindigkeit mit sechs brennenden Fackeln - Verdoppelung heißt auch Verwirrung oder gar Gefahr. Denn die rote *Virage* der Szene signalisiert schon Unheil für den Vicomte in der Loge, der genüßlich durch je eine Hälfte seines Opernglases eine Schwester fixiert. Noch glaubt er, seine ruchlosen Absichten ungehindert in die Tat umsetzen zu können.

Das Kinopublikum soll sich über den Charakter des Vicomte keinerlei Täuschungen hingeben.

Gussy, the sister of the music-hall performers Edith and Violetta, has committed suicide because the man she loved was unfaithful. She leaves her sisters a photograph of the man and a letter exhorting them to avenge her. Edith soon recognizes the Vicomte Giron, who is wooing Violetta, as the man in the photograph. Violetta renounces any desire for a love relationship with him; and together the two sisters confront the unscrupulous philanderer with their knowledge of what he is. Driven into a corner, he begs the sisters to forgive him. They refrain from shooting him, but they will not forgive him.

Three sisters, all of them music-hall artists. One of them dead of a broken heart. The relationship of the other two sisters to the man responsible for the catastrophe. The adventure film DIE SCHWARZE KUGEL takes up and varies these basic motifs, as does the melodrama DIE LIEBE DER MARIA BONDE, which was made five years later. Both films end in tragedy. The actual or alleged guilty parties fall victim to their own consciences.

The music-hall performance in DIE SCHWARZE KUGEL begins with an act whose attractiveness lies in its twin figures: two women in rococo costumes gently swing to and fro on boards equally high over the ground; the ropes of the swings are wound with flowering vines; two cavaliers wearing powdered wigs kneel at their feet. »The Mysterious Sisters« appear right afterward, with two monsters flanking the stage. The performers wear masks and identical costumes and thus cannot be recognized. Facing each other, the sisters juggle six burning torches at dizzying speed – here the double image means confusion or even danger. For the red *tinting* in the scene already gives the cinema audience a foreboding of disaster for the Vicomte, who, enjoying the performance from his box, has trained his opera glass on the stage so that he has one sister in each circle of the glass. The Vicomte still believes that he will have no trouble carrying out his ruthless intentions.

The character of the Vicomte is clearly and unequivocally rendered to the cinema audience. After the Vicomte has made the acquaintance of the two sisters, they disappear through a heavy cur-

DIE SCHWARZE KUGEL

Nachdem er die Bekanntschaft der Schwestern gemacht hat, verschwinden die Frauen durch einen schweren Vorhang in ihre Garderobe, deren geschlossene Tür im Bildhintergrund liegt. Ganz vorne steht der Vicomte – eine Naheinstellung zeigt ihn bis zur Taille – und schaut unter halb geschlossenen Lidern direkt in die Kamera und damit aus dem Film heraus. Diese Inszenierung ist theatralisch; der Vicomte vor dem Vorhang wendet sich – quasi vom Bühnenrand aus – direkt ans Publikum, das an seiner Durchtriebenheit nun nicht mehr zweifeln kann. Aber sie reicht nicht aus, um den Racheplänen der Schwestern zu entgehen, die ihre Ähnlichkeit als Waffe gegen ihn einsetzen. »In der letzten Einstellung treten sie, den gestürzten Helden des Films hinter sich lassend, hocherhobenen Hauptes und frontal zur Kamera durch die Portiere, das Gesicht nun dem Publikum zugewandt; demonstrativ umarmen sie sich und richten dabei wehmutsvoll den Blick zum Himmel ...«, schreibt Heide Schlüpmann.

Ganz im Gegensatz zur plüschigen Theater- und Varietéwelt steht ein Fabrikgelände, Schauplatz der Verfolgungsjagd am Ende des Films. Während Violetta einen Schornstein erklimmt und über eine weitläufige Dachlandschaft den Dienern des Vicomte zu entkommen sucht, eröffnet die Kamera die Aussicht auf riesige Backsteinbauten im Hintergrund, an denen sie langsam entlangschwenkt. Mit ihren großen Fensterflächen und klar gegliederten Fassaden ähneln sie den Gebäuden, die der Architekt und Designer Peter Behrens um 1910 für die Berliner *Allgemeine Elektricitäts-Gesellschaft AEG* entwarf. Nach dem Börsensturz von 1873 hatte sich die nationale (und internationale) Wirtschaft erst 1895 endgültig erholt. Eine Phase der Hochkonjunktur setzte ein, deren Zeugnisse – Bauwerke »wie die Turbinenhalle in Moabit, die Kleinmotorenfabrik und Schwermaschinenhalle auf dem Humboldthain im Wedding – die Industrielandschaft der Metropole Berlin um eine moderne Stadtkrone bereicherten«, so der Architekturhistoriker Fritz Neumeyer.

tain into their dressing-room, to which the closed door can be seen in the background. The Vicomte stands in the foreground, his back to the viewer; a close-up shows him down to the waist. He turns and gazes with half-closed eyes right into the camera and thus out of the film. The scene is quite theatrical; standing before the curtain, the Vicomte turns – from the edge of the stage, as it were – directly toward the audience, which can no longer doubt his cunning. But his cunning does not suffice to thwart the sisters' plans for vengeance as they turn their similar appearances into a weapon. Heide Schlüpmann writes: »In the last take they stride, with heads held high, through the portiere and frontally toward the camera, leaving the deposed male protagonist behind them; facing the audience, they demonstratively embrace and wistfully raise their eyes toward heaven. . .«

In complete contrast to the plush world of the music hall and theater stand the factory precincts which provide the setting for the chase scene at the film's conclusion. While Violetta climbs up a chimney and attempts to escape from the Vicomte's servants over a panoramic landscape of rooftops, the camera presents a view onto huge brick buildings in the background. The camera pans these buildings. With their large window surfaces and clearly structured facades, the buildings are reminiscent of those built by the architect and designer Peter Behrens around 1910 for the Berliner AEG, a giant electrical concern. The national (and international) economy did not completely recover from the panic of 1873 until 1895. Then a boom period set in, leaving significant architectural monuments in its wake. The architecture historian Fritz Neumeyer writes that buildings »like the Turbinenhalle in Moabit and the small-motor factory and the heavy-machinery hall on the Humboldthain in Wedding enriched Berlin's industrial landscape with a modern urban crown.«

DIE SUMPFBLUME *1913*

In Paris lernt der deutsche Bildhauer Edgar das Modell Sandra kennen. Als er in seinem Atelier einen Gipsabguß von ihrem Fuß nimmt, verliebt er sich in sie. Um fortan für Sandra sorgen zu können, leiht er sich von seinem Freund Graf Theo von Dahlenberg 20.000 Mark. Sie stiehlt jedoch das Geld und wird eine berühmte Tänzerin. Jahre später trifft Theo sie, macht ihr einen Heiratsantrag, und Sandra wird seine Frau.

Nach einiger Zeit besucht Theo seinen alten Freund, der inzwischen wieder nach Berlin zurückgekehrt ist. Dort entdeckt er den Abguß eines Frauenfußes, der ihm bekannt vorkommt. Er nimmt ihn mit nach Hause und hält ihn heimlich nachts neben den Fuß Sandras. Währenddessen besucht Sandra Edgar und bittet ihn, über die gemeinsame Vergangenheit zu schweigen. Edgar verspricht es, kündigt seine bevorstehende Abreise an und besucht ein letztes Mal den Freund. Betrunken stellt Theo Edgar und Sandra zur Rede. Als sie schließlich verzweifelt die Geschichte zu erklären versucht, erwürgt sie der aufgebrachte Ehemann im Affekt.

Der Ort, an dem Edgar und Sandra sich treffen, ist ein Künstlerkeller auf dem Montmartre. Eine von der Eingangstür herabführende Treppe, dunkle Wände und ein gemauerter Rundbogen, von dem eine viel zu kleine Petroleumfunzel herabbaumelt, charakterisieren das Lokal als finstere Höhle. Die Kerzen auf den Tischen, die nachlässig an die Wände gehefteten Plakate und die zwielichtigen Gestalten mit offenen Westen und Ballonmützen lassen an eine Apachen-Romantik denken, die auch zu Beginn dieses Jahrhunderts schon Bestandteil des Paris-Mythos gewesen sein mag. So entspricht der deutsche Amateur-Bildhauer mit seinem korrekten, dunklen Anzug, Zylinder und Spazierstock dem Bild vom naiven Touristen auf der Suche nach exotischen Reizen. Und im Verein mit einem seiner Halbwelt-Gäste schickt sich der geschäftstüchtige Wirt sofort an, dem Wunsch seines offenbar zahlungskräftigen Gastes nachzukommen. Schnell wird die anfangs widerstrebende Sandra zum Tisch des Neuankömmlings geschickt, nicht nur, um ihm schöne Augen zu machen, sondern auch, um die Empfänglichkeit

THE SWAMP FLOWER *1913*

In Paris the German sculptor Edgar meets the model Sandra. When he makes a plaster cast of her foot in his studio, he falls in love with her. In order to be able to support Sandra, he borrows twenty thousand marks from his friend Count Theo von Dahlenberg. But she steals the money. She becomes a famous dancer. Years later she meets Theo, who proposes to her. Sandra becomes his wife.

Some time later Theo visits his old friend Edgar, who has meanwhile returned from Paris to Berlin. Theo notices the plaster cast of a woman's foot, a foot which he seems to recognize. He takes the cast with him and secretly holds it next to Sandra's foot at night. Sandra visits Edgar and asks him to betray nothing of their old affair. Edgar promises her not to say anything about it; he also tells her that he is leaving Berlin. He pays one last visit to his old friend. A drunken Theo confronts Sandra and Edgar. In desperation she finally tries to explain the story, but the overwrought husband strangles her.

Edgar and Sandra first meet at an artists' hangout in a Montmartre cellar. Stairs lead down from the entrance; there are dark walls and a brickwork arch from which dangles a far too weak kerosene lamp. All this characterizes the café as a gloomy and sinister vault. The candles on the tables, the carelessly mounted posters on the walls, and the twilight figures with open vests and proletarian caps convey the impression of an underworld romanticism which may have already been part of Parisian mythology at the turn of the century. By contrast, the amateur German sculptor in his respectable dark suit, top hat, and cane, fulfills the stereotype of the naive tourist seeking new thrills. And in collusion with his demimonde clientele, the owner of the café goes about the task of fulfilling the expectations of the obviously solvent stranger. He dispatches the initially reluctant Sandra to Edgar's table, not only to animate him generally but to test his susceptibility to her charms. A carpet is quickly unrolled in the foreground; two candelabras are placed in a diagonal at opposite corners, with a row of raw eggs between them. The owner prepares a spotlessly scrubbed table in

DIE SUMPFBLUME:
Richard Liebesny,
Wanda Treumann

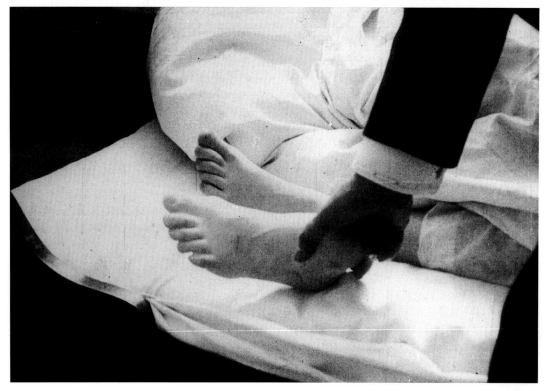

DIE SUMPFBLUME

des Herrn für ihre Reize zu sondieren. Im Vordergrund wird flugs ein Teppich ausgerollt, an zwei seiner diagonal gegenüberliegenden Ecken Kerzenständer postiert, dazwischen eine Reihe roher Eier gelegt. Währenddessen deckt der Wirt in einem noch tiefer liegenden Gewölbe einen seiner blankgescheuerten Holztische mit einem weißen Tuch und Champagner-Gläsern – als erfahrener Wirt kennt er auch den Geschmack seines vornehmen Gastes. Sandra wird nun von einem ihrer Kumpane aus einem langen Wickelrock geschält – darunter trägt sie kniekurze Unterhosen – sie entledigt sich ihrer Schuhe und ›tanzt‹ mit einer Binde über den Augen auf Zehenspitzen tippelnd um die Eier herum, ohne eines davon zu zertreten. Der Herr ist entzückt – von der künstlerischen Darbietung sicher weniger als von der damit verbundenen Zurschaustellung weiblicher Körperpartien, die er sonst kaum zu sehen bekam. Die vorangegangene Entblößung des Fußes beim ›Tanz‹ erlaubt Edgar dann auch, der kokett mit den Beinen baumelnden Sandra den Schuh noch einmal auszuziehen und ihn bewundernd zu betrachten. »Kommen Sie doch morgen in mein Atelier«, meint man ihn tatsächlich sagen zu hören, so eindringlich vermittelt der Film die Atmosphäre in dieser nur etwa sechs Minuten langen Anfangsszene.

Im Gegensatz zur Komplexität und Dichte dieser Ortsbeschreibung steht die extensive, sorgfältige Schilderung eines Arbeitsvorgangs, dessen zeitlicher Verlauf nicht unterbrochen wird: die Herstellung einer Gipsform. Nur Sandras Fuß und Edgars Hände sind im Bild: Zunächst befeuchtet er ihren Fuß und legt einen Faden von der Hacke bis über den Spann, wo er die Enden lose verknotet. Dann muß Sandra den Fuß anheben, damit Edgar die in einer Schüssel angerührte Gipsmasse mit einem Spachtel auf der freigewordenen Fläche verteilen kann. Dahinein drückt Sandra ihren Fuß, und der Bildhauer beginnt, den Gips von unten nach oben zu verstreichen. Als er die Hälfte des Fußes mit Gips bedeckt hat, löst er den Knoten und legt die Fadenenden nach hinten, damit man die Form später wieder abnehmen kann. Die Einstellung endet erst, als Sandras Fuß fast bis zum Knöchel in Gips steckt, der nun trocknen muß.

a still lower-lying vault. He puts a white tablecloth and champagne glasses on the wooden surface – an experienced bartender, he knows the tastes of his aristocratic guest.

Meanwhile one of Sandra's associates peels her out of a long wraparound skirt, under which she is wearing a much shorter garment. She then takes off her shoes and »dances« blindfolded and on tiptoe around the eggs, without squashing any of them. The gentleman is enchanted – obviously less by the quality of the performance than by the exposition of parts of the female anatomy which he normally never gets to see. The exposure of her foot during the »dance« allows Edgar to remove her shoe a second time as she coquettishly dangles her legs. The atmosphere of this first scene, which lasts only about six minutes, is so cogently conveyed that we can almost hear Edgar say: »Please come to my studio tomorrow.«

In contrast to the density and complexity of the café scene, we are treated to the meticulously clear description of a work process recorded as it proceeds in the time it actually takes: the production of a plaster mold. Only Sandra's foot and Edgar's hands are in the picture. First he moistens her foot and lays a thread around the heel and across the instep; then he ties the ends loosely together. Sandra has to lift her foot so that Edgar can take a spatula and spread the mass of plaster, which he has stirred in a bowl, over the surface on which her foot had rested. Sandra presses her foot into the plaster; and the sculptor begins to spread the plaster up over her foot. When he has covered half the foot with plaster, he unties the knot and lays back the ends of the threads. The take does not conclude until Sandra's foot is up almost to the ankle in plaster, which now has to dry.

We encounter the patient observation of a lengthy procedure again and again in the film. The production of the cast from the form is also followed in detail; and later we become, like the audience in the story, interested observers at Sandra's performance of tableaux vivants, where intertitles explain which works of art are being represented.

The story itself ranges over many years and great geographic distances, but the film expresses time-

Diese Geduld bei der Beobachtung zeitlich ausgedehnter Prozeduren begegnet uns im Verlauf des Films immer wieder. Auch die Herstellung des Abgusses aus der Form wird noch einmal ausführlich gezeigt; später werden wir – wie das Publikum im Film – Zuschauer bei Sandras Vorstellung lebender Bilder; Zwischentitel erklären, um welches Kunstwerk es sich jeweils handelt. Die Handlung selbst erstreckt sich über viele Jahre und große geografische Entfernungen. Zeitsprünge und Ortswechsel aber bewältigt dieser Film in aller Kürze: Ein fahrender Zug deutet die Verlegung des Schauplatzes von Paris nach Berlin an; ein Zwischentitel nennt die Anzahl der inzwischen vergangenen Jahre; ein bremsendes Automobil steht für die Ankunft Edgars aus Frankreich; ein geschlossener Vorhang symbolisiert schließlich Sandras Tod.

Wie Exkurse aus der straffen Dramaturgie wirken die langen Beobachtungssequenzen, die mit der melodramatischen Handlung kaum verbunden sind. Und so scheint es fast, als ob der Film seinem Publikum über die Story hinaus noch etwas bieten wolle – Einblick in fremde Milieus und die fast zur Nachahmung animierende Darstellung handwerklicher Vorgänge. Eine Spekulation mit der Schaulust, die durch das häufige Auftauchen von Publikum im Film augenzwinkernd offenbart wird.

lapses and location changes with extreme terseness: a moving train signifies the shift of locale from Paris to Berlin; an intertitle provides the number of years which have passed; an automobile slowing to a halt signifies Edgar's arrival from France; a closed curtain symbolizes Sandra's death.

The long observation scenes have the effect of digressions from the film's taut dramaturgy. These scenes indeed have little to do with the melodramatic plot. It almost seems as if the film's intention were to offer the audience not only a story, but also insights into unfamiliar milieus and the presentation of handicraft processes so engrossing that it almost becomes an open invitation to copy them. The film is among other things a speculation on the phenomenon of curious onlookers, a speculation revealed by the frequent appearance of an audience in the film. We can imagine the filmmaker winking his eye.

DIE SUMPFBLUME

DIE SUMPFBLUME:
Wanda Treumann

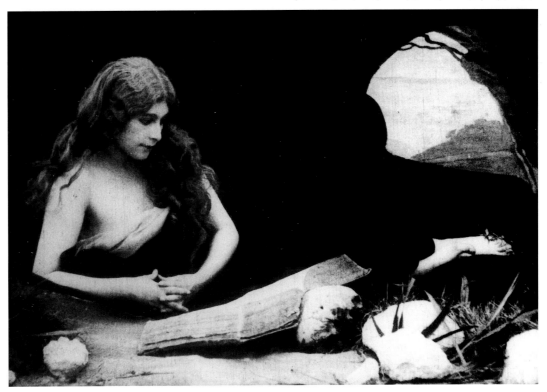

KASPERL–LOTTE 1913

LOTTE OF THE MARIONETTES 1913

Als Lotte, die niedliche Tochter eines Puppenspielers, von größeren, frechen Jungen geärgert wird, eilt Hans ihr zu Hilfe und trägt ihr den Einkaufskorb nach Hause. Sie erlaubt ihm einen Blick hinter die Kulissen des kleinen Theaters, wo die Marionetten nebeneinander aufgehängt sind. Aus Versehen beschädigt Hans die Kasperle-Figur, und Lotte bekommt dafür von ihrem Vater Schläge. Die beiden Kinder sind von nun an unzertrennlich. Als der Puppenspieler weiterzieht, nehmen die Großeltern von Hans, bei denen er lebt, sich auch Lottes an, damit die Kinder für immer zusammensein können.

KASPERL-LOTTE ist ein Einakter, nur etwa fünfzehn Minuten lang, und beinahe ist es auch eine Dreiecksgeschichte aus dem Theatermilieu, alles natürlich ein wenig harmloser als in DIE SUMPF-BLUME. Wie in den Erwachsenen-Dramen ist das Theater Teil der Verführung, der Hans ausgesetzt ist. Mit ihm werden wir Zeugen einer symbolischen Szene des Puppenspiels. Und wie die Verehrer, die sich um Varietékünstlerinnen – in DIE SCHWARZE KUGEL oder auch in DIE LIEBE DER MARIA BONDE – bemühen, wird Hans umgekehrt von der Bühne aus, also mit Lottes Blick, schon als besonderer Zuschauer gezeigt. Zwar gibt es keine Loge, aber in der ersten Reihe, mit langen, flachsblonden Locken und einer großen Schleife überm weichen, weißen Spitzenkragen unterscheidet er sich erheblich von den kleineren, kurzgeschorenen Knirpsen in Matrosenanzügen um ihn herum. Später macht Hans Lotte dem Mann abspenstig, der bisher ihr Leben bestimmt und für sie gesorgt hat: ihrem Pflegevater, dem sie dafür den Haushalt führte. Und die letzte, in tiefes Rosarot getauchte Einstellung, in der sich Hans und Lotte, durch eine ovale Blende gerahmt, küssen, heißt: Die Liebe hat den Sieg davongetragen.

Die 1874 geborene Drehbuchautorin des von Emil Albes inszenierten Films, Luise Heilborn-Körbitz, war von 1912 bis 1919 als Dramaturgin bei der Deutschen Bioscop-Gesellschaft beschäftigt. In den fünfziger Jahren erzählte sie dem Regisseur Gerhard Lamprecht über ihren Weg zum Film: Nach einem besonders eindrucksvollen Kinobesuch im Jahr 1911 habe sie gleich ein langes

Lotte, the adorable little foster-daughter of a puppeteer, is molested by cheeky older boys. Hans rushes to her aid and carries her shopping-basket home for her. She lets him look behind the scenes in the puppet theater, where the marionettes are hanging in a row. Hans accidentally damages the »Kasperle« marionette (Kasperle is the approximate German equivalent of Punch), and Lotte is beaten by her foster-father. From that moment the two children are inseparable. When the puppeteer moves on, Hans's grandparents, with whom he lives, take Lotte into their home so that the two can always be together.

KASPERL-LOTTE is a one-act play and lasts only about fifteen minutes. It comes close to being a triangle story from the world of the stage, although it is of course a little more harmless than DIE SUMPF-BLUME. As in the adult dramas, the theater is part of the seductive force which draws Hans into its spell. Together with Hans we become observers of an entire – and very symbolic – scene in a puppet show. And like the admirers who woo the music-hall performers in DIE SCHWARZE KUGEL or DIE LIEBE DER MARIA BONDE, Hans is seen from the performer's perspective, namely through Lotte's eyes, as a very special member of the audience. Of course there are no boxes in this theater; but Hans certainly cuts a distinctive figure sitting in the first row with his long flaxen curls and sporting a large bow knot over his soft white lace collar, amidst a crowd of smaller children with close-cropped hair and wearing sailor suits. Later Hans wins Lotte away from her foster-father, who has run her life and taken care of her, and for whom she has run the household. And the last take, drenched in a deep pink and showing Hans and Lotte kissing in an oval aperture, can only mean one thing: Love has won the day.

Luise Heilborn-Körbitz provided director Emil Albes with the script for KASPERL-LOTTE. Heilborn-Körbitz was born in 1874, and worked from 1912 to 1919 as a writer and editor for the Deutsche Bioscop-Gesellschaft. In the 1950's she told the director Gerhard Lamprecht how she came to be involved in film. After being extremely impressed by a visit to a cinema in 1911, she immediately

Manuskript geschrieben. »Es war aber kein Film-Manuskript, sondern eine einfache Erzählung. Ich brachte es zur Bioscop in der Friedrichstraße, und es wurde sofort genommen. Man bot mir zwanzig Mark dafür. Das kam mir doch etwas zu wenig vor. So forderte ich ganz kühn dreißig Mark. Die bekam ich sofort ausgezahlt. Im Januar 1912 erschien dann der Film, SKLAVE DER LIEBE, in einem Kino in der Friedrichstraße. Gleich nach dem ersten habe ich zwei, drei weitere Filme schreiben müssen, die alle genommen wurden. Ungefähr nach dem fünften oder sechsten fragten sie mich, ob ich dauernd arbeiten wollte. Ich war einverstanden, und so bekam ich eine Anstellung als Dramaturgin. Ich ging dann öfter zu den Aufnahmen ins Babelsberger Atelier hinaus, und auf diese Weise lernte ich überhaupt erst, ein richtiges Manuskript zu schreiben. Ich lernte, daß man die einzelnen Szenen schildern muß, die Bewegungen der Schauspieler darin und was die Zwischentitel ausdrücken mußten. Der erste Regisseur, den ich kennenlernte, war selber ein ausgezeichneter Schauspieler gewesen und konnte die Darsteller deshalb sehr gut führen. Es war Emil Albes.«

wrote a long story. »It was not a filmscript, but a simple story. I took it to Bioscop in the Friedrichstraße, and they accepted it right away. I was offered twenty marks for it. That seemed to me to be a little meager. So I boldly demanded thirty marks. They gave me the money immediately. In January 1912 the film from my story, SKLAVE DER LIEBE (Slave of Love), was shown in a movie-house in the Friedrichstraße. Right after the first film I had to write two or three more, and they were all accepted. After about the fifth or sixth they asked me whether I wanted a steady job with them. I said yes, so I was hired as a writer and editor. I often went out to the studio in Babelsberg when the films were being shot, and this was how I really learned to write a good script. I learned that you had to describe the individual scenes and the movements of the actors in them, and I learned what the intertitles were supposed to express. The first director I got to know had himself been an outstanding actor and therefore was able to provide very good direction for the performers. It was Emil Albes.«

DIE KINDER DES MAJORS

DIE KINDER DES MAJORS

DIE KINDER DES MAJORS 1914

THE CHILDREN OF THE MAJOR 1914

Zwei Offiziere werben um Marie, Tochter eines pensionierten Majors und Schwester des Kadetten Alexander: der aufbrausende Leutnant Stephano und der zurückhaltende Graf von Amro. Marie verspricht von Amro die Ehe. Aber vorher muß er noch für fünf Jahre in die Kolonien, um schneller befördert und damit finanziell unabhängig zu werden. Der eifersüchtige Stephano kompromittiert Marie in Gegenwart ihres Bruders; der Vater fordert ihn zum Duell. Dies wird jedoch im letzten Moment durch die Verhaftung Stephanos verhindert, dem seine Gläubiger auf den Fersen sind. Als nicht nur der alte Major heil und gesund heimkehrt, sondern auch von Amro auf Urlaub aus den Kolonien eintrifft, ist die Freude groß.

Es geht um Konventionen, Sitte und Moral in diesem Film, um die individuelle Interpretationsmöglichkeit ziviler Regeln und die Starrheit des militärischen Ehrenkodexes. In der Schlüsselszene suchen Mutter und Tochter das Haus des Grafen von Amro auf, damit Marie den geliebten Mann noch einmal sehen kann, bevor er für Jahre verreist. Nur die Mutter geht jedoch nach oben, Marie muß vor der Haustür stehenbleiben – keine unverheiratete Frau darf die Wohnung eines Junggesellen betreten, auch nicht in Begleitung, so schreiben die wilhelminischen Anstandsregeln es vor. Der junge Offizier verläßt rasch die Wohnung, um die Braut für eine Sekunde auf der Treppe zu umarmen, wo die ungeduldige Marie inzwischen wartet, dann aber erscheint die Mutter in der Wohnungstür, und ein gesitteter Handkuß beendet das Tête-à-tête. Dennoch gibt es Stephano Anlaß, Marie eines losen Lebenswandels zu bezichtigen, so daß ihr Vater sich bemüßigt fühlt, die Ehre seiner Tochter mit dem Degen wiederherzustellen.

Wenn die Duellanten frühmorgens im verschneiten Wald eintreffen, wo der Atem der schweigenden Männer gefriert, die Sekundanten die Pistolen prüfen und die geforderte Distanz mit Schritten abmessen, die Gegner anlegen und zielen und im letzten Moment die Polizei eintrifft, dann ist DIE KINDER DES MAJORS auf seinem dramaturgischen und ästhetischen Höhepunkt angelangt.

Two officers, the hot-headed Lieutenant Stephano and the quietly reserved Count von Amro, are courting Marie, who is the daughter of a retired major and the sister of a young cadet named Alexander. Marie promises to marry von Amro, but first he must serve for five years in the colonies in order to receive more rapid promotion and thus attain financial independence. In the presence of Alexander at the officers' club the jealous Stephano says disparaging things about Marie. Alexander, whose status as a cadet precludes him from seeking satisfaction, informs the major, who challenges Stephano to a duel. At the last minute the duel is prevented because of Stephano's arrest, with his creditors on his heels. There is great rejoicing not only when the old major returns home safe and sound, but also at the arrival of von Amro, who is on leave from the colonies.

This is a film about conventions, customs, and morals; it is about the ability of the individual to interpret social norms and about the rigidity of the military code of conduct. In the film's most significant scene, mother and daughter visit the home of Lieutenant von Amro to give Marie the chance to see her beloved once more before he sails away for five years. Yet only the mother goes upstairs. Marie must wait at the front door: in the Germany of that time it was simply not proper for an unmarried woman to enter a bachelor's home – not even when chaperoned. The young lieutenant hurries out of his rooms to embrace his bride for a moment on the stairs, where she has meanwhile been waiting impatiently; then the mother appears in his doorway, and a conventional kiss on the hand concludes the tête-à-tête. But this gives Stephano the opportunity to accuse Marie of loose morals, so that her father feels it incumbent upon himself to restore his daughter's honor.

When the dueling parties appear early in the morning in a forest white with snow, when the breath of the silent men freezes in the air, when the seconds examine the pistols and pace off the obligatory distance, when the opponents raise their weapons and take aim and the police arrive at the last possible second – that is when the film reaches its dramatic and aesthetic climax.

UND DAS LICHT ERLOSCH 1914

AND THE LIGHT WENT OUT 1914

Der Großhändler Werle und sein Mündel Gerd bemühen sich beide um Inge, Tochter eines befreundeten Reeders, die vorübergehend im Hause Werle lebt. Als der ältere Mann bemerkt, daß Inge Gerds Zuneigung erwidert, schickt er sein Mündel schnell in Geschäften in die Kolonien und unterschlägt später sämtliche Briefe an Inge. Diese wundert sich zwar über Gerds plötzliches Verschwinden, heiratet dann jedoch Werle, da ihr eigener Vater inzwischen Bankrott gemacht hat.

Als Gerd seinem Vormund brieflich mitteilt, er werde zurückkommen, da er Sehnsucht nach Inge habe, gerät Werle in Panik. Mit zwei gedungenen Nichtsnutzen macht er sich nachts daran, das Leuchtfeuer an der Hafeneinfahrt zu zerstören, damit Gerds Schiff strandet. Gerd trifft dennoch im Hause des Onkels ein und kann mit Inge unter vier Augen sprechen. Gemeinsam stellen sie fest, daß sie beide Opfer von Werles Intrigen sind. Zwar unternimmt der Kaufmann noch einen verzweifelten, letzten Schritt, um der Gerechtigkeit zu entgehen, doch das Schicksal führt ihn der wohlverdienten Strafe und die Liebenden ihrem Glück zu.

Bereits durch den Filmtitel wird die Aufmerksamkeit der Zuschauer auf das Licht gelenkt, das, zusammen mit der *Virage*, die Dramaturgie bestimmt. Das flackernde Leuchtfeuer, die Petroleumlampen in der Fischerkneipe, die Kerzen bei der großbürgerlichen Abendgesellschaft, die Fackeln, mit denen die Schurken den Schauplatz ihrer Tat beleuchten, schließlich das Feuer aus den großen Heizluken im Bauch des Ozeandampfers – die künstlichen Lichtquellen – stehen dem hellen Tageslicht der Außenaufnahmen im Hafen, dem Gegenlicht der Dämmerung und dem Widerschein der letzten Sonnenstrahlen auf dem Meer gegenüber.

Sorgsam zelebriert wird etwa der Übergang vom Tag zum Abend. Eine blau *viragierte* Szene zeigt trinkende Fischer in der Kneipe, durch ein geöffnetes Fenster im Hintergrund ist der Leuchtturm sichtbar. Plötzlich steigt der Wirt auf einen der Tische und entzündet die Lampe in der Mitte der Stube; die *Virage* ist nun gelb, und das Leuchtfeuer beginnt zu blinken. Mit dem Anbruch der

The wholesale merchant Werle and his ward Gerd are both trying to win the love of Inge, a guest in Werle's house and the daughter of a friend who is a shipowner. When the older man notices that Inge is interested in Gerd, he quickly sends his ward to the colonies on business, and later intercepts all of Gerd's letters to Inge. The girl does not know what to make of Gerd's sudden disappearance and subsequent silence, but then she marries Werle since her father has gone bankrupt.

When Gerd writes to his guardian that he is returning home because he misses Inge, Werle grows panicky. He hires two miscreants and steals out with them into the night, in order to destroy the beacon in the lighthouse at the entrance to the harbor so that Gerd's ship will run aground. But Gerd nonetheless manages to reach his guardian's house and to talk with Inge in private. Together they come to realize that they have been the victims of Werle's treachery. The merchant makes one more desperate attempt to escape justice, but fate allots him his well-deserved punishment and leads the lovers to happiness.

The film's title already draws the viewer's attention to the theme of light, which, along with the *tinting*, underscores and conditions the story. The flashing beacon, the kerosene lamps in the fishermen's tavern, the candles at a genteel dinner party, the torches with which the scoundrels illuminate the scene of their crime, and finally the fire from the furnaces in the bowels of the ocean liner – all these artificial sources of light are juxtaposed with the bright daylight of the outdoor scenes in the harbor, Gerd's silhouette against the dawn, and the reflection of the last of the sun's rays on the sea.

The transition from day to night is carefully celebrated in the film. A blue-*tinted* scene shows fishermen drinking in the tavern, and the lighthouse is visible through an open window in the background. Suddenly the landlord climbs up on a table and lights the lamp hanging in the middle of the room; the *tinting* is now yellow, and the lighthouse beacon begins to flash. With the fall of darkness Werle enters the tavern; his sinister plans can be carried out only under cover of night.

UND DAS LICHT
ERLOSCH:
Eduard Rothauser

Dunkelheit betritt auch Werle das Lokal, dessen finstere Pläne nur im Schutze der Nacht auszuführen sind.

Der Leuchtturm selbst ist durch einen rautenförmig gerafften Vorhang am Fenster von Werles Büro, dem am häufigsten verwendeten Interieur, immer zu sehen. Gleichwohl rückt er mit zunehmender Bedeutung auch immer auffälliger ins Bild. In den ersten Einstellungen von Werles Kontor ist der von der Gardine halb verdeckte Leuchtturm kaum zu erkennen. Sein starkes Blinken kann man jedoch nicht mehr übersehen, wenn Werle Gerd zu einer nächtlichen Unterredung ins Arbeitszimmer bittet, um ihn nach Übersee zu schicken. Und als Werle die Nachricht von der bevorstehenden Rückkehr Gerds erhält, starrt er sinnend aus dem Fenster, zum Leuchtturm hinüber. Beinahe atemberaubend ist der Überfall auf den Leuchtturmwärter inszeniert, den wir zuerst dabei beobachten, wie er das Feuer kontrolliert und reguliert. Es lodert in einem großen Glaskolben und wird durch einen mit Ausschnitten versehenen Schirm auf- und abgeblendet. Nachdem die Bösewichter den Wärter überwältigt haben, halten sie diesen Schirm während der abgeblendeten Phase an, »... und das Licht erlosch«, verkündet ein Zwischentitel. Inzwischen naht der Ozeanriese, an dessen Reling noch der ahnungslose Gerd der Landung entgegen*fiebert*, während auf der Brücke schon Unruhe ausbricht und die Heizer *fieber*haft im finsteren Schiffsbauch Kohlen schaufeln.

In der so sorgfältigen Inszenierung einzelner Szenen besteht der Reiz von UND DAS LICHT ERLOSCH, dessen kolportagehafte ›Geschichte‹ nur mühsam durch Zwischentitel zusammengehalten wird.

Werle's office is the most frequently used interior; and the lighthouse can always be seen through the window – curtains have compressed the view into a diamond shape. As its significance increases, the lighthouse becomes ever more prominent in the picture. In the first takes of Werle's office the view of the lighthouse is half-covered by the curtains, so that we can hardly recognize it. Only when Werle asks Gerd into his office to tell his ward that he is sending him overseas does the beacon flash its way directly into our field of vision. And when Werle receives the news of Gerd's imminent return, he gazes out of the window, toward the lighthouse. The sequence with the assault on the lighthouse keeper is little short of breathtaking. First we see the man tending and regulating the fire. It smolders in a great glass bulb which is alternately covered and uncovered by a revolving screen provided with cut-out sections. After the scoundrels have subdued the lighthouse keeper, they stop the screen during the bulb's dark phase; and an intertitle announces that »... the light went out.« Meanwhile the giant steamer is approaching, and the unsuspecting Gerd is impatiently waiting for the moment when he can disembark. On the bridge anxiety has already broken out, and down in the boiler room the stokers are feverishly shoveling coal.

The charm of UND DAS LICHT ERLOSCH lies in the careful direction of individual scenes, whereas the sensationalistic story-line is held together only with difficulty by the intertitles.

DIE SÜHNE:
Martha Novelly,
Kurt Vespermann

Renate und Ludwig kennen sich seit ihrer Kindheit, und auch dieses Jahr verbringt die junge Frau einige Sommerwochen auf dem Gut, wo Ludwig mit seiner Mutter lebt. Eine Liebesgeschichte bahnt sich an, doch dann erblindet Ludwig nach einem Unfall, den Renate nicht verhindern konnte. Der Mutter verspricht sie, nach deren Tod für Ludwig zu sorgen. Einige Jahre später – Renate ist inzwischen Bildhauerin – ist es soweit. Sie zieht zu ihm und betreibt ein Atelier. Gleichzeitig sucht sie nach einem Arzt, der Ludwig heilen kann. Ludwig tändelt inzwischen mit der Tänzerin Sibylle, die bei Renate Modell steht. Nach der Operation, die ihm sein Augenlicht zurückgibt, stellt er fest, daß Renate nicht mehr so schön ist, wie er sie in Erinnerung hatte und bemüht sich erst recht um die Tänzerin. Er muß jedoch feststellen, daß sie ihn nur benutzt, um ihren ständigen Begleiter, den Grafen von Blaten, eifersüchtig zu machen und kehrt reumütig zu Renate zurück.

Beide Frauenfiguren in diesem Film üben künstlerische Berufe aus; in der Darstellung gibt es jedoch offenbar keinerlei Ähnlichkeiten zwischen den Metiers. Renate sieht man nach ihrer Rückkehr zu Ludwig stets im weißen Kittel und häufig in dem Raum, den sie als Atelier benutzt. Sie scheint die Bildhauerei als Handwerk zu verstehen – ein Schild an der Hauswand deutet darauf hin; ihre Kunst besteht in der Reproduktion; mit Auftragsarbeit verdient sie ihren Lebensunterhalt und kann womöglich dadurch für die komplizierte, kostspielige Operation Ludwigs aufkommen.

Sibylle sieht man nur einmal ganz kurz tanzen, im übrigen ist sie damit beschäftigt, das Geld ihres reichen Galans auszugeben, auch die Gipsbüste schmeichelt sie ihm ab. Die Tanzerei ist, wie bei Sandra in DIE SUMPFBLUME, kein ernstzunehmender Beruf, sondern bietet die Möglichkeit, einen reichen Ehemann oder wenigstens ständigen Begleiter zu angeln.

Ludwig ist auch nach der Operation noch mit Blindheit geschlagen. Er sieht nur die äußeren Erscheinungen der beiden Frauen, nicht aber in ihre Herzen.

Renate and Ludwig have known each other since their childhood; and this summer, as usual, the young woman is spending some weeks at the estate where Ludwig lives with his mother. A love relationship starts to grow, but Ludwig is blinded in an accident which Renate could not prevent. Renate promises Ludwig's mother that she will take care of him after the mother's death. The mother dies some years later. Renate has meanwhile become a sculptress, and she moves in with Ludwig and opens a studio in the house. At the same time she looks for a doctor who can cure Ludwig. Ludwig, however, has begun to flirt with the dancer Sibylle, who works as a model for Renate. After an operation Ludwig can see again; but in his restored vision Renate is no longer as beautiful as she was in his memory. Now he works hard to win the dancer. He comes to realize that Sibylle is only using him to stir the jealousy of her lover, the Count von Blaten. Remorsefully he returns to Renate.

Both female leads in this film are artists, but their artistic worlds are obviously and completely dissimilar. After Renate moves in with Ludwig, we constantly see her in her white duster, and frequently at work in the room she uses as a studio. She seems to regard sculpting as a trade; a sign on the front wall of the house is an indication of this. Her art is one of reproduction; she earns her living with commissions and hopes also to be able to save enough to finance Ludwig's complicated and expensive operation.

By contrast, we see Sibylle dancing only once; the rest of the time she is busy spending her rich boyfriend's money. She also cajoles von Blaten into buying the plaster bust of her. Her career as a dancer should not be taken too seriously: Sibylle, like Sandra in DIE SUMPFBLUME, seems more involved in a certain stereotype of female professional endeavor: fishing for a rich husband – or at least a rich boyfriend.

Though his operation is successful, Ludwig remains afflicted with spiritual blindness. He can see the external appearances of the two women, but he cannot look into their hearts.

DIE BÖRSEN-KÖNIGIN 1918

THE QUEEN OF THE STOCK EXCHANGE 1918

Als Helene Netzler, die Besitzerin des Kupferbergwerks ›Glückauf‹, erfährt, daß die Mine ausgebeutet und damit ihre eigene Existenz gefährdet ist, begibt sie sich persönlich ins Bergwerk, um die Lage zu überprüfen. Bergwerksdirektor Lindholm hat jedoch eine neue Kupferader entdeckt, die große Erträge verspricht, und Helene läßt schnell alle Bergwerksaktien aufkaufen, die den Wertpapiermarkt seit einigen Tagen überschwemmen. Inzwischen haben Sachverständige Lindholms Entdeckung bestätigt; bei einer Feier in ihrem Hause ernennt Helene ihren Direktor zum Mitinhaber des Bergwerks. Lindholm findet indessen Gefallen an Helenes Kusine Lina, einer armen Verwandten, die dort als Gesellschafterin lebt. Helene ihrerseits hat sich in Lindholm verliebt …

Nichts erinnert mehr an die Kindfrau aus DIE VERRÄTERIN oder gar an die Titelfigur aus dem 1914 uraufgeführten Film ENGELEIN: Als Börsenkönigin thront Asta Nielsen gewichtig hinter einem schweren Schreibtisch, hantiert souverän mit Telefon und Vertragspapieren, liest Börsennachrichten und trifft danach ihre Entscheidungen. Sie ist die einzige Frau in einer Männerwelt; und sie denkt, handelt und bewegt sich wie ein Mann. Energisch ergreift sie den Kopf des widerstrebenden Lindholm mit beiden Händen, um ihn zur Besiegelung der Partnerschaft mitten auf den Mund zu küssen. Noch kann sie sich nicht vorstellen, daß der direkte Weg nicht immer zum Ziel führt. Aber sie lernt und verliert dabei fast ihre Identität. Denn mit der wachsenden Zuneigung zu Lindholm ändert Helene nicht nur ihr Äußeres, sondern auch ihr Verhalten. Helle, fließende Gewänder ersetzen die schwarzen, streng geschnittenen Kleider; emotionale Entscheidungen ersetzen den unternehmerischen Weitblick. Das Schicksal hat ihr Reichtum, aber kein Glück beschieden.

Zuletzt sitzt sie im hermelinbesetzten Mantel wieder am Schreibtisch – majestätisch und einsam, mächtig und unglücklich – eine Königin ohne Prinzgemahl.

Helene Netzler, the owner of the »Glückauf« copper mine, learns that the mine is being exhausted and that her own financial situation is thereby threatened. She goes into the mine to assess the situation personally. Lindholm, the mine's manager, has found a new vein of copper which promises great yields; so Helene immediately orders that all the shares, which for several days have been flooding the market, be bought up. Meanwhile the experts have confirmed Lindholm's discovery. At a celebration in her home, Helene promotes Lindholm to part-ownership of the mine. Lindholm takes a liking to Helene's cousin Lina, a poor relation living as a companion in the house. But Helene has fallen in love with Lindholm …

Nothing here reminds us of the childish Yvonne in DIE VERRÄTERIN or even of the title figure in ENGELEIN, which was premiered in 1914. As the Queen of the Stock Exchange, Asta Nielsen reigns behind a heavy desk, wielding contracts and the telephone with consummate sovereignty, reading stock-exchange reports and then making her decisions. She is the only woman in a world of men; and she thinks, moves, and acts as a man. Still incapable of imagining that the direct course does not always lead to one's goal, she vehemently grasps the unwilling Lindholm's head in both hands in order to seal the partnership with a kiss on the mouth. But she then undergoes a sea change, and in doing so almost loses her identity. For with her growing affection for Lindholm she transforms both her external appearance and her behavior: bright, flowing gowns replace the black, severely tailored apparel; and entrepreneurial foresight gives way to emotion and impulse. Fate has granted her wealth, but not happiness.

In the end, wearing an ermine-lined coat, she sits again at her desk, majestic and lonely, mighty and unhappy – a queen without a prince consort.

DIE BÖRSENKÖNIGIN:
Asta Nielsen

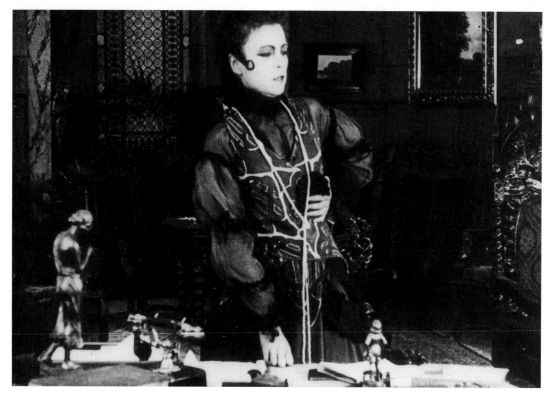

DIE BÖRSENKÖNIGIN:
Asta Nielsen

WANDA'S TRICK 1918   WANDA'S TRICK 1918

Wanda Schmied ist Arbeiterin in der Zigarettenfabrik Löbel. Sie gefällt ihrem Chef, und er führt sie abends aus. Heiraten will er sie jedoch nicht. Als Wanda erfährt, daß sie das große Los in der Lotterie gezogen hat, hält der in finanziellen Schwierigkeiten steckende Löbel doch um sie an, aber nun lehnt sie ab. Sie kündigt und unterbreitet Löbel einen Plan für einen Reklamefeldzug. In einer einzigen Zigarettenschachtel seiner Marke soll ein Porträt von der – jetzt berühmten – Wanda versteckt sein; den Käufer dieser Schachtel will sie heiraten. Natürlich denkt sie daran, das Schicksal ein wenig zu manipulieren …

Wanda Treumann und Pola Negri, Hauptdarstellerin in CARMEN, der – ebenfalls im Jahr 1918 – von Ernst Lubitsch inszenierten Geschichte eines anderen Zigarettenmädchens, haben zu Beginn der beiden Filme ganz ähnliche Auftritte. In einer Halbnah-Einstellung werden sie jeweils dem Publikum vorgestellt, aufreizend gekleidet und sehr kokett in die Kamera blinzelnd.

Davon abgesehen wirkt WANDA'S TRICK, verglichen mit CARMEN, beinahe wie ein Dokumentarfilm. Mehrmals sieht man aus verschiedenen Perspektiven in die große Halle, wo die Arbeiterinnen in langen Reihen hintereinander sitzen, jede in ihrem eigenen Tempo mit dem Drehen und Verpacken der Zigaretten beschäftigt. Nach Arbeitsschluß strömt das ausschließlich weibliche Personal aus dem Fabriktor auf eine Berliner Straße; eine Gruppe von Studenten mit Verbindungsmützen pfeift nach den Frauen, das Automobil des Fabrikanten erregt Aufsehen bei den Passanten. In CARMEN gibt es auch eine ›fabrica de tabaco‹, gebaut im hispanisierenden Pappmachéstil des in der Mark Brandenburg errichteten Sevilla-Dekors, mit den wahllos verstreuten Zigarettenhäufchen auf den Tischen, ist sie stilisierter Hintergrund für die Handlung, die 1918 längst Bestandteil der Spanien-Folklore war.

Wanda, die – wie Carmen – zu Beginn des Films noch damit rechnet, den sozialen Aufstieg durch körperliche Vorzüge zu erreichen, verläßt sich danach aufs Glück, bevor sie begreift, daß allein ihre klugen Reklameideen es sind, die sie und ihre Mutter auf die Dauer ernähren können.

Wanda Schmied works at Löbel's cigarette factory. Löbel likes his employee and takes her out in the evening. But he does not want to marry her. Then Wanda wins first prize in a lottery. Löbel is in financial straits and now asks her to marry him. She rejects his proposal. She gives up her old job and shows Löbel a plan for an advertising campaign. A picture of the now famous Wanda is to be hidden in a single pack of Löbel cigarettes, and she will marry the person who buys this pack. Of course she intends to manipulate fate a little …

Wanda Treumann's first appearance in the film is quite similar to that of Pola Negri in Ernst Lubitsch's 1918 production CARMEN, another story of a cigarette girl. Both figures are presented to the audience in a semi-close-up, both are charmingly dressed, and both blink rather coquettishly into the camera.

But in comparison to CARMEN, WANDA'S TRICK almost has the effect of a documentary. Several times we look from different perspectives into the great factory hall where the female workers sit behind one another in long rows, each woman rolling and packing cigarettes at her own pace. At closing time the exclusively female personnel pours through the factory gate and onto a Berlin street; a group of students in fraternity caps whistle at the women; the factory owner's automobile attracts the attention of the passers-by. In CARMEN the »fabrica de tabaco« is a paper-mâché pseudo-Sevillian structure erected in Brandenburg, with random piles of cigarettes lying about on the tables; this factory serves as a stylized backdrop for a story which by 1918 had long since become part of the Spanish folk image.

At the beginning of the film Wanda, like Carmen, hopes to achieve social advancement through her feminine charms. She then turns to luck as the way to success. Finally she comes to realize that only her clever advertising ideas will be able to provide a steady livelihood for her and her mother.

Wanda Treumann,
ca. 1915

DIE LIEBE DER MARIA BONDE 1918

THE LOVE OF MARIA BONDE 1918

Die alte Frau Bonde lebt mit drei erwachsenen Töchtern zusammen. Eine von ihnen, die kränkliche Gunne, ist mit Martin verlobt. Mit ihm zusammen tritt sie als Kunstreiterin im Varieté auf. Martin aber liebt schon lange Maria, die zweite Tochter, und als Gunne sich eines Tages während der Vorstellung verletzt, springt Maria für sie ein und führt an Martins Seite die Dressurnummer vor. Gegen ihren Willen muß auch Maria ihre Liebe zu Martin erkennen; heimlich heiraten die beiden, verbergen ihre Beziehung jedoch vor der Familie. Als die Mutter sie bei einem Kuß ertappt, offenbaren sie sich endlich Gunne, die vor Schreck stirbt. Nachdem aber Mutter Bonde der Verbindung ihren Segen gegeben hat, leben sie für eine Weile glücklich zusammen. Als Maria selbst ein Kind bekommt, kann auch sie nicht mehr reiten, und die jüngste Schwester, Anella, tritt nun mit Martin auf. Maria quält fortan die Angst davor, daß sich alles wiederholen könnte. Eifersucht und Verzweiflung wachsen der Armen über den Kopf, sie sieht nur noch eine Lösung …

Wenngleich von zentraler Bedeutung für die Geschichte, ist die Reiterei nicht eigentlich ihr Gegenstand. Nur einmal, bei Marias erstem Auftritt, sehen wir die beiden Protagonisten kurz zu Pferde, in Ledergewänder mit langen Fransen gehüllt, Cowboyhüte auf den Köpfen. Es bleibt offen, ob die Attraktion für das Publikum eher in der fremdartigen Kleidung oder in den Reitkünsten des Paars besteht; von deren Vorführung bleiben wir jedoch ausgeschlossen.

Anscheinend in keinem Zusammenhang mit der Handlung steht ein Entfesselungstrick, der fast en passant, zur Einstimmung auf das Varieté-Milieu gezeigt wird: Der Artist läßt sich nicht nur Hände und Füße zusammenbinden, auch um seinen Leib wird ein dickes Tau geschlungen und verknotet; sodann setzt man ihn in einen Käfig, dessen Gitterstäbe an einer Stelle durch ein von einem eisernen Reifen eingefaßtes, kaum mehr als kopfgroßes Loch unterbrochen sind. Im Käfig entledigt er sich zunächst der Stricke und schlängelt sich dann mit ungeheurer Geschmeidigkeit durch die runde Öffnung, nur um sich erneut fesseln zu lassen.

Old Frau Bonde lives with her three grown daughters. One of them, the frail Gunne, is engaged to Martin; the two perform stunt-riding acts together. But Martin has long been in love with Maria, Gunne's younger sister. One day Gunne is injured during a performance; Maria substitutes for her and does the act at Martin's side. Against her will Maria must finally acknowledge her love for Martin; the two marry in secret and hide their marriage from her familiy. Her mother catches them kissing, and they finally tell the truth to Gunne. Gunne dies from the shock. After Frau Bonde has given the marriage her blessing, Martin and Maria live happily together for a while. Maria has a child and is no longer able to ride; Anella, the youngest sister, takes her place. From that moment Maria is tormented by the fear that the old story could repeat itself. Jealousy and despair become too much for her; she sees only one solution to the problem …

Although riding is an important factor in the story, it is by no means its subject. We see Maria and Martin on their horses only once, for a few moments during Maria's first performance. The two are wearing cowboy hats and buckskin costumes with long fringes; the question whether the audience is attracted more by their exotic attire than their feats of horsemanship is left open, for the filmmaker excludes us from viewing the act.

We are permitted to see another act, though it is presented almost only in passing, and with no immediately apparent connection to the story. It is an escape trick, ostensibly shown to draw us into the music-hall atmosphere. The escape-artist not only has his hands and feet bound together; a thick cable is wound and knotted around his body. He is then placed in a cage whose bars are interrupted by an iron ring framing an opening scarcely larger than a human head. The man unfetters himself in the cage; and with incredible suppleness he manages to slither through the opening, only to immediately repeat the entire trick.

But the performance by this Houdini imitator runs parallel to the sequence of events in the sisters' dressing-room. When the injured Gunne is

Aber die Vorstellung des Houdini–Epigonen ist parallel montiert mit den Vorgängen in der Garderobe der Bonde-Schwestern. Als Gunne verletzt hereingetragen wird, schlüpft Maria ins Kostüm, und damit entscheidet sie sich – zunächst – für die vermeintliche Freiheit, ihre Liebe auszuleben. Sie kann sich jedoch, wie ihr Artistenkollege, nur für kurze Zeit aus den Fesseln befreien, die ihr das Gewissen anlegen wird. Schon bald erscheint ihr in fiebrigen Träumen die betrogene, tote Schwester: In einer doppelt belichteten Einstellung schwingt das Pendel einer sehr großen Standuhr, aus der plötzlich Gunne hervortritt, unerbittlich hin und her, als ob es die Verzweifelte hämisch darauf aufmerksam machen wolle, daß Schwester und Schwager schon längst dasein müßten. Und auch die Erinnerung an den Kuß, bei dem die Mutter Maria und Martin damals erwischte, ist für sie nur noch eine immer wiederkehrende, quälende Vision.

Interessant ist der Gegensatz zwischen innen und außen in diesem Film. Es gibt nur wenige Außenaufnahmen, aber die bedeuten Freiheit; Maria und Martins heimliche Treffen finden draußen, in urbaner Umgebung statt; auf dem Höhepunkt ihres Glücks besteigen sie mit einer Gruppe von Freunden einen verschneiten Hügel, Schlitten hinter sich herziehend. Eine weite Totale zeigt die Abfahrt in der leeren Winterlandschaft; keine der Personen ist jedoch zu erkennen. Draußen treffen sich später auch Martin und Anella zu Autofahrten und Spaziergängen. Die Wohnung aber ist der Käfig, der letzte Energiereserven aus dem nach der Geburt geschwächten Körper Marias zu absorbieren scheint. Nur mühsam bewegt sie sich noch vom Bett zum Fenster. Ihre Perspektive führt eine Einstellung vor, in der die Kamera aus dem dunklen Treppenflur durch die verglaste, obere Hälfte der geschlossenen Haustür blickt: In dem hellen Viereck, zwischen hölzernen Streben, sieht man Martin und Anella ankommen – Marias eingeschränkte Sicht macht aber nur sie selbst zur Gefangenen, auch wenn es für einen Augenblick anders aussieht.

carried in, Maria slips into Gunne's costume, thus deciding for what she at first considers to be the freedom to live out her love. And like the escape artist she must return to her prison; only for a short time is she free of the bonds which conscience has imposed. The betrayed and deceased sister soon appears before Maria in feverish visions; in a double-exposure Gunne suddenly emerges out of a huge grandfather clock whose pendulum is swinging relentlessly, as if the despairing girl sardonically wanted to remind her sister and brother-in-law that they are long overdue. The memory of the moment when the mother caught Martin and Maria kissing is another painful and continually recurring vision.

The film sets up an interesting contrast between interior and exterior. There are only a few outdoor scenes, but they symbolize freedom. Martin and Maria have their secret meetings outdoors in cosmopolitan surroundings; at the height of their happiness they and a group of friends drag sleds up a snow-covered hill. A long shot shows the ride down in the empty winter landscape; none of the individuals can be recognized. Later on, Martin and Anella meet outdoors for walks and automobile rides. But the interior where they live is the cage, which seems to sap the last reserves of energy out of Maria, whose body has already been weakened by the birth of her child. Only with great difficulty can she move from the bed to the window. From her perspective we look out of the dark stairwell through the glass in the upper half of the front door to the house. In the bright square of glass, between the wooden dividers separating the individual panes, Martin and Anella arrive. The glass and the wood are suggestive of prison bars. Maria's limited view of their arrival makes only herself a prisoner, although for the moment the situation could be interpreted differently.

Martha Novelly,
ca. 1915

DIE TEUFELSKIRCHE 1919

THE DEVIL'S CHURCH 1919

Der Teufel in Gestalt eines Kesselflickers macht sich an die kinderlose Bäuerin Ane heran, um sie zu einem Pakt zu überreden: Das Grundstück, das die Gemeinde ihrem Mann Asmus zum Bau der neuen Kirche abkaufen will, soll ihm überschrieben werden; dann könne die junge Frau bald mit dem ersehnten Kinde rechnen. Ane willigt ein und gibt sich dem Fremden hin. Ihr Haus geht in Flammen auf, Männer verfolgen sie in Scharen, selbst der Pfarrer kann der Versuchung nicht widerstehen – der Teufel hat von der Gemeinde Besitz ergriffen. Zwar ist über Nacht eine prächtige neue Kirche entstanden, doch als Gott an die Tür klopft, weist man ihn ab; und der Teufel frohlockt hinter dem Altar. Dann aber reibt sich der Bauer Asmus die Augen und springt aus dem Heu. »Ane«, sagt er, »ich hatte einen schweren Traum ...«

Vor allem die *Virage* charakterisiert diesen Film und unterstützt die Dramaturgie mit leuchtendem Purpurrot und kräftigem Apfelgrün. Grün steht für Verstecken, Verführen, für den Wald, wo Anes erotische Abenteuer sich anbahnen. Rot erscheint die sich langsam ausbreitende Feuersbrunst und – ganz ungewöhnlich – das Meer. (Aber dieses rote Meer ist ein besonderes: der Wohnort Gottes vielleicht, denn der weißhaarige Greis mit dem Hirtenstab scheint zum Besuch auf der Erde geradewegs den Fluten zu entsteigen und wieder in sie zurückzukehren.) In der dramatischsten Szene wird außerdem ein helles Braun verwendet, um die drei parallel verlaufenden Handlungsstränge voneinander abzusetzen. Da rappelt sich Ane mühsam aus dem Gebüsch hoch; da sammelt der brave Asmus Reisig, da schlägt eine Flamme aus dem Ofen in der verlassenen Küche des Bauernhauses. Aus verschiedenen Richtungen nähern sich die beiden Eheleute ihrem Heim, von dem die Flammen Stück für Stück Besitz ergreifen. Asmus, der als erster dort anlangt, versucht sofort zu löschen, doch als Ane dazukommt, hindert sie ihn daran und beginnt einen wilden, irren Tanz. Die in tiefes Rot getauchte Szenerie – das brennende Haus, der fassungslos erstarrte Mann, die zerzauste, halb entkleidete, wie ein Derwisch umherhüpfende Frau – hat auch nach 75 Jahren von ihrem Schrecken nichts verloren.

The devil, in the guise of a tinker, approaches the young farm woman Ane to talk her into making a pact with him: the village wants to buy a piece of ground from her husband Asmus for the new church; but if the ground is signed over to the tinker, the childless Ane can finally look forward to being blessed with issue. Ane agrees, and gives herself to the stranger. Her house goes up in flames, bands of men pursue her, and even the pastor cannot withstand the temptation – the devil has taken possession of the entire village. A splendid new church has arisen overnight on the fateful site; but when God knocks on the door, He is turned away, and the devil rejoices behind the altar. Then the farmer Asmus rubs his eyes and jumps out of the hay. »Ane,« he says, »I've just had an awful dream ...«

This film is characterized first and foremost by the *tinting*, which underscores the unfolding drama with glowing crimson and vigorous apple-green. Green stands for concealment and seduction, and for the forest where Ane's erotic adventures take shape. The slowly spreading conflagration appears in red, as does – in a highly unusual twist – the sea. But this Red Sea is a rather special one; perhaps it is the residence of God, for the white-haired old man with a shepherd's staff seems to come straight out of the waters to visit earth, and to return straight back into them. In the film's most dramatic scene a light brown is added to complete the demarcation of three parallel locations: Ane struggles to her feet in the bushes, the good Asmus gathers brushwood, and a flame surges out of the stove in the deserted kitchen of the farmhouse. Husband and wife approach their home from different directions, while the flames gradually engulf it. Asmus is the first to arrive; he immediately tries to quell the flames; but when Ane appears, she stops him and begins a wild, frenzied dance. The scene – the burning house, the man rigid with shock and disbelief, and the disheveled, half-naked woman leaping about like a dervish – is drenched in deep red. After seventy-five years, the scene still retains its power to terrify.

DIE TEUFELSKIRCHE

DIE TEUFELSKIRCHE:
Agnes Straub

ANNÄHERUNGEN

ARBEITSBERICHT ZUR ZWISCHENTITEL-REKONSTRUKTION

Lothar Schwab

Was tun, wenn die ursprünglichen deutschen Zwischentitel nicht mehr nachweisbar sind?

Rekonstruktionsarbeit an Stummfilmen kann mit ganz unterschiedlich begründeten Zielsetzungen und Ergebnissen geschehen. Sie ist Ausdruck konträrer Interessen, die sich nicht gegenseitig ausschließen, aber aufgrund der jeweiligen Quellenlage auch nicht immer ohne Kompromisse miteinander verbinden lassen.

Zwar kann Filmgeschichtsschreibung nur gelten lassen, was durch Film-, Foto- und Schriftquellen nachweisbar ist (mündliche Quellen kommen für die Filme der zehner Jahre kaum noch in Frage). Doch Filme haben damals wie heute auch ihren Bezug zum Publikum, und dieses Publikum will sich ins Filmbild versenken, duldet während der Vorführung keinen wissenschaftlichen Diskurs.

Auch die Haupt-, Akt- und Zwischentitel sind in den alten Stummfilmen Bilder, nicht allein weil sie mit besonderen Schriften oder Schmuckrahmen ausgestattet sind. Sie haben Anteil am Erzählrhythmus, legen eine eigene Spur durch Handlung und Figuren und verflechten sich mit den fotografierten Bildern, der Mimik und Gestik der Sprechenden.

Was also tun, wenn die originalen Zwischentitel fehlen?

Eine Möglichkeit besteht darin, die vorhandene Überlieferung zu akzeptieren, die Filme mit fremdsprachigen Titeln zu zeigen und eventuell rückübersetzte deutsche Titel in die Vorführung einzulesen. Das gesamte Filmbild, Szenen und Titel, hätte die Authentizität einer erhaltenen, wenn auch fremdsprachigen Fassung. Doch das Einlesen übersetzter Titel, notwendig für ein sprachenunkundiges Publikum, ist ein den eingeübten Formen der Kinovorführung fremder Vorgang, es stört zudem die Musikbegleitung, beeinträchtigt die Montage von Filmbildern und Zwischentiteln im Kopf des Zuschauers, beeinträchtigt das Kinoerlebnis.

Wir haben uns in allen Fällen, wo der deutsche Wortlaut nicht nachweisbar ist, zu Zwischentiteln mit rückübersetzten Texten entschlossen. Den Originalen konnten wir uns auf diese Weise nur graduell mehr oder weniger annähern, wissend,

APPROACHES

A WORKING REPORT ON THE INTERTITLE RECONSTRUCTION

What can we do when the original German intertitles are missing?

Restoration work on silent films can proceed with completely different goals and results. It is the expression of often contrary interests which need not always mutually exclude each other, but which, depending on the state of the source material, cannot always be combined without a willingness to compromise.

Film historians can accept the validity only of material documented by films, photographs, or written sources (oral sources for films from 1910 to 1920 are hardly available any longer). But, then as now, films have their relationship to the audience; they convey a cinematic experience; and the audience, wanting to immerse itself in this experience, will not tolerate academic discourses while the film is being shown.

In the old silent films, the intertitles, the main title at the beginning, and the titles between acts were themselves part of the experience, not only because they appeared in special fonts or with decorative frames. They were part of the narrative rhythm, they contributed their own touches and traces to the story, they interwove themselves with the photographed images and with the miming and gesturing of the actors.

So what are we supposed to do when the original intertitles are unavailable?

One possibility is to merely accept the copy at our disposal and to show the films with foreign intertitles, perhaps having someone read translations aloud in the language of the audience. The film and the intertitles would then maintain their authenticity, albeit in a foreign-language version. But having someone read translations out loud, no matter how helpful to an audience unfamiliar with the language of the version at hand, is neither a normal nor a conducive way to present a film. It creates problems for the musical accompaniment, it detracts from the combination of image and intertitle – in short, it impairs the experience.

In all cases where the original German wording cannot be documented, we have opted for intertitles translated directly back into German. By doing so we can only approach the original, know-

daß wir sie beim gegenwärtigen Quellenbefund nicht ganz erreichen können.

Für DIE TEUFELSKIRCHE verfügen wir über die bestmögliche Überlieferung der deutschen Titel. Der deutsche Wortlaut (auch der fehlenden ersten Rolle der im Nederlands Filmmuseum aufbewahrten Kopie) ist ›amtlich‹ belegt durch die Zulassungskarte (›Zensurkarte‹) der Film-Prüfstelle Berlin vom 21. Juni 1921. Ein filmhistorischer Glücksfall – und das ist noch nicht alles: Diese offensichtlich schwedische Verleihkopie (schwedische Titel) enthält die originale grafische Gestaltung der Akt- und Zwischentitel: die mit dem Signet der Berliner Firma Lucifer versehenen Schmuckrahmen der Akttitel (in der Regel auch Schmuckrahmen des Haupttitels) und das entsprechende Lucifer-Signet in den Zwischentiteln, insgesamt die bestmögliche Überlieferung von Text und Grafik. Nur von der Schrift der schwedischen Kopie ist nicht nachweisbar, ob sie im deutschen Original ebenfalls verwendet wurde.

Ähnlich günstige Rekonstruktionsvoraussetzungen bestanden im Falle von UND DAS LICHT ERLOSCH. Akt- und Zwischentitelrahmen sind mit dem Namen der deutschen Produktionsfirma Imperator versehen. Hier ist der Wortlaut zwar nicht amtlich belegt, aber es liegt, wie in anderen Fällen auch, eine deutsche Titelliste aus der Sammlung Jean Desmet vor, die das Nederlands Filmmuseum uns freundlicherweise zur Verfügung stellte. Es gibt keine letzte Sicherheit, daß diese Titellisten mit den originalen Titeln der deutschen Filme identisch sind. Aber Stilanalysen und die Herkunft sprechen dafür.

Im Fall von KASPERL-LOTTE ist zwar in der niederländischen Kopie die originale Grafik der deutschen Firma Bioscop (Firmenname und Bären-Signet) überliefert, aber keine deutsche Zensurkarte oder Titelliste auffindbar.

Die drei Rekonstruktionsbeispiele repräsentieren drei verschieden abgestufte Annäherungen ans Original mit unvermeidlichen Konjekturen der einen oder anderen Art.

Wo die originale Grafik nicht nachweisbar war, sind wir nach folgenden Prinzipien verfahren: Lag von der Produktionsfirma des zu bearbeitenden Films aus demselben oder einem benachbarten

ing full well that the present situation regarding source material makes it impossible to reproduce the original with complete exactitude.

For DIE TEUFELSKIRCHE we have the advantage of intertitles in an ideal state of preservation. The German wording for the copy in the Nederlands Filmmuseum has been preserved in a list of all the titles, even though the first reel of the film is missing; the text is documented by an official certificate of approval (called a »censorship card«) from the Berlin Censorship Board dated June 21, 1921. DIE TEUFELSKIRCHE is a happy instance for film historians in other respects as well. The Nederlands Filmmuseum copy, with Swedish titles identifying it as a distribution copy for Sweden, contains the original graphic design for the intertitles and for the titles introducing acts. The decorative frames for the titles introducing acts (which were generally the same as the frame for the main title at the beginning of a film) bear the signet of the Lucifer company in Berlin, as do the intertitles. The overall result is marvelous preservation of both texts and graphics. The font in the Swedish copy cannot be proved to be the same as that in the German original, but we have adopted it as the most intact and probable choice.

In the case of UND DAS LICHT ERLOSCH the conditions for reconstruction are also quite favorable. The decorative frames for the intertitles and titles introducing acts bear the name of the German production firm Imperator. Here there is no official documentation of the wording, but the Jean Desmet collection contains, as in a number of other cases, a German list of the titles; and the Nederlands Filmmuseum has graciously placed the lists at our disposal. Again we cannot be completely sure that these accompanying texts are identical with the original versions in the German films, but stylistic analysis and the origin of the lists make this very likely.

For KASPERL-LOTTE the extant Dutch copy retains the original graphics of the German company Bioscop (with the name of the firm and the bear signet), but no German texts or certificates of approval have been found.

These three examples illustrate three various degrees of approach to the original, all with the in-

Jahr die originale Titelgrafik eines anderen Films vor, hatte sie für die grafische Gestaltung unserer Titel Priorität. War dies nicht der Fall, hatte die Kopie des Nederlands Filmmuseum mit allen grafischen Details Vorrang. Bestanden dann noch Entscheidungsschwierigkeiten, Unklarheiten oder Zweifelsfälle, wurde gewissermaßen Neutralität gewahrt, auf Schmuckrahmen verzichtet und eine ›klassische‹ Schrift gewählt, wie sie damals in Zwischentiteln üblich war. Eigene Zusätze der Kinemathek im Vorspann sind einheitlich durch die Schrift *Times kursiv* ausgewiesen.

Für den Wortlaut der Titel ergeben sich – ausgenommen Die Teufelskirche – zwei große Gruppen:

Das Nederlands Filmmuseum stellte uns für Die schwarze Kugel, Die Sumpfblume, Und das Licht erlosch und Die Verräterin die im Nachlaß der Firma Desmet erhaltenen deutschen Titellisten zur Verfügung.

Für die Filme Auf einsamer Insel, Die Börsenkönigin, Der geheimnisvolle Klub, Kasperl-Lotte, Die Kinder des Majors, Die Sühne, Wanda's Trick, Weihnachtsgedanken und Zweimal gelebt mußten wir uns zur ›Rückübersetzung‹ entschließen, d. h. die deutschen Originaltitel sind nur in der niederländischen Übersetzung überliefert und mußten wieder ins Deutsche übersetzt und durch redaktionelle Bearbeitung der vermuteten originalen Textform angenähert werden. Für diese Annäherung waren vor allem andere Textquellen hilfreich: Programmhefte mit Inhaltsangaben, Besetzungslisten und ähnliche Informationen zu Titeln des Films (Die Börsenkönigin, Kasperl-Lotte) oder informative Angaben in Zensurnachrichten wie im Fall von Zweimal gelebt. Die Berliner Zensur-Behörde beanstandete folgende Punkte: »Nervenchok einer Frau, Krankheit, Krisis, Tod, Aufbahrung. Erwachen vom Scheintot, Gedächtnisverlust. Wiederaufleben des Gedächtnisses. Sprung ins Wasser.« Die lapidare Aufzählung enthält wertvolle Hinweise für die Begriffswelt der Zwischentitel dieses Films. Anstelle von ›Nervenchok‹ steht in der niederländischen Fassung ›de hevig ontstelde‹; dort wird also ein medizinischer Ausdruck vermieden. Der aus der Sprachsphäre der Gebildeten abgeleitete Begriff

evitable necessity of conjecture in one form or another.

Where the original graphics are not available, we have proceeded along the following lines: If original title-graphics were available for another film from the same company and from the same or an adjacent year, these graphics received priority for our reconstruction. If no such graphics were available, the copy in the Nederlands Filmmuseum was preferred in regard to all details in the graphics. In cases of unclarity, uncertainty, or doubt, we maintained a certain amount of neutrality, doing without decorative frames and using a »classical« font which was common in intertitles of the time. Our own Kinemathek additions in the credits can be identified by their italic *Times* font.

The films generally fall into two large groups as regards the original wording of the titles and intertitles:

The Nederlands Filmmuseum provided us with extant German lists of titles and intertitles from the Desmet collection for Die schwarze Kugel, Die Sumpfblume, Und das Licht erlosch, and Die Verräterin.

Texts are available only in the Dutch translation for the second group of films: Auf einsamer Insel, Die Bösenkönigin, Der geheimnisvolle Klub, Kasperl-Lotte, Die Kinder des Majors, Die Sühne, Wanda's Trick, Weihnachtsgedanken, and Zweimal gelebt. In these cases we had to decide for a »reverse translation« back into German, along with additional editorial attempts to get as close to the original as possible. Additional sources, such as program leaflets with plot summaries and cast lists, were very useful for Die Börsenkönigin and Kasperl-Lotte; censorship reports shed valuable light on Zweimal gelebt. The Berlin Censorship Board's prohibition of Zweimal gelebt was accompanied by telegram-like complaints that amounted to a short summary of the entire film: »Nervous shock of a woman, illness, crisis, death, body in state. Awakening from apparent death, amnesia. Return of memory. Leap into the water.« This passage raises interesting sidelights on sensibilities and linguistic usage. Take, for example, the word ›crisis.‹ There are two variants in Ger-

DER GEHEIMNISVOLLE
KLUB

›Krisis‹ war vor allem – und genauso wird er in ZWEIMAL GELEBT verwendet – medizinischer Terminus im Sinne von Entscheidung auf Leben und Tod im Krankheitsverlauf. (Nachzulesen in einer auch sonst für die Titel-Redaktion, für damaligen Wortgebrauch und damalige Schreibweise nützlichen Quelle: Meyers Großes Konversations-Lexikon, 1906 ff.) Höchstwahrscheinlich sind wir also dem Original des Zwischentitels näher, wenn wir den niederländischen Titel ›De crisis‹ nicht mit ›Die Krise‹ wiedergeben, sondern mit: ›Die Krisis‹.

Für den niederländischen Titel KERSTGEDAGHTEN war der originale deutsche Haupttitel nicht auffindbar. Der jetzige Titel WEIHNACHTSGEDANKEN ist eine Rückübersetzung des niederländischen Haupttitels. Mit Sicherheit handelt es sich auch bei diesem Film um eine Berliner Produktion. Für diese Annahme gibt es genügend Hinweise im Filmbild: die Berliner Autonummer, die deutschen Namen am Gasthaus und an dem Laden, in dem die Mutter nach dem Preis der Puppe fragt. Aber wir wissen nicht, wie der Film ursprünglich hieß.

man for the translation of the English word »crisis«: »Krise«, which means crisis in the general sense and is the most common spelling today; and ›Krisis‹, which, then as now, was the preferred spelling for the medical term defined as the change that indicates whether the illness will lead to recovery or death. In their prohibition the German censors used the spelling »Krisis«. This, along with the medical context, motivated us to use »Krisis« rather than »Krise« in the German reconstruction from the Dutch title »De crisis«.

The original German main title for the Dutch KERSTGEDAGHTEN could not be found. Our title WEIHNACHTSGEDANKEN is a direct translation back into German. This film undoubtedly was a German production, made in Berlin. There are sufficient indications of this in the film itself: the Berlin license plate and the German names on the restaurant and the shop where the mother inquires about the price of the doll. But we still do not know the original title of the film.

FILMOGRAFIE

FILMOGRAPHY

Für filmografische Angaben aus den zehner Jahren kann man nur auf wenige, nicht immer zuverlässige Quellen zurückgreifen. Die Filme dieses Programms führen im Vorspann, soweit dieser überhaupt erhalten ist, meist nur die Namen der Hauptdarsteller auf. Schreibweisen von Namen und Jahresangaben differieren mitunter von Quelle zu Quelle. Die hier aufgeführten Daten können nach dem aktuellen Forschungsstand als relativ zuverlässig angesehen werden. (Quellen s. Literaturhinweise: Birett 1980, Lamprecht 1967 f., Schlüpmann 1990 und Cinegraph-Archiv, Hamburg)

Folgende Abkürzungen werden benutzt:
J: Produktionsjahr, UA: Datum der Uraufführung, P: Produktionsfirma, R: Regie,
B: Buch, D: Darsteller

As regards names, dates, and orthography, the source material for films from the period covered in our program is rather meager and not always reliable. The credits in our selection of films, to the extent that credits exist at all, generally list only the names of the main actors. Years and the spellings of names sometimes vary from source to source. But in light of the latest research, the information provided below can be considered relatively reliable. (For the sources see bibliographical entries: Birett 1980, Lamprecht 1967 f., Schlüpmann 1990, Cinegraph-Archiv Hamburg.)

To avoid two sets of abbreviations, we have retained the German abbreviations for the following information in English:
J: production year, UA: date of premiere,
P: film company, R: director, B: author, D: cast

WEIHNACHTSGEDANKEN/CHRISTMAS THOUGHTS
J: 1911/1912 (?)

DIE VERRÄTERIN/THE TREACHEROUS WOMAN
J: 1911 UA: 20.1.1912
P: Deutsche Bioscop GmbH, Berlin, für Projektions-AG (PAGU), Frankfurt
R: Urban Gad, B: D.J. Rector (i.e. Erich Zeiske)
D: Max Obal (Marquis de Bougival), Asta Nielsen (Yvonne, seine Tochter/his daughter), Robert von Valberg (Leutnant/Lieutenant von Mallwitz), Emil Albes (Vujrat, Anführer der Freischärler/leader of the partisans)

MADELEINE
J: 1912 UA: 22.6.1912
P: Deutsche Bioscop GmbH, Berlin
R: Emil Albes
D: Ilse Oeser (Madeleine), Ludwig Trautmann, Hugo Flink

ZWEIMAL GELEBT/TWICE LIVED
J: 1912
P: Continental-Kunstfilm GmbH, Berlin
R: Max Mack, B: Heinrich Lautensack
D: Eva Speyer, Anton Ernst Rückert

DER GEHEIMNISVOLLE KLUB/THE MYSTERIOUS CLUB
J: 1913
P: Eiko-Film GmbH, Berlin
R: Joseph Delmont
D: Joseph Delmont (van Geldern), Fred Sauer (Gerhard Bern), Ilse Bois (Ilse Verstraaten)

DAS RECHT AUFS DASEIN/THE RIGHT TO EXIST
J: 1913
P: Eiko-Film GmbH, Berlin
R: Joseph Delmont
D: Joseph Delmont (Joseph Dermott), Fred Sauer

AUF EINSAMER INSEL/ON A LONELY ISLAND
J: 1913 UA: 5.12.1913
P: Eiko-Film GmbH, Berlin
R: Joseph Delmont
D: Joseph Delmont (Dirk de Vaat), Fred Sauer (Pieter Boes), Mia Cordes (Sytje de Jong)

DIE SCHWARZE KUGEL/THE BLACK BALL
J: 1913 UA: 26.10.1913
P: Luna-Film, Berlin
R: B: Franz Hofer
D: Paul Meffert (Vicomte Giron), Mia Cordes (Edith), Manny Ziener (Violetta)

DIE SUMPFBLUME/THE SWAMP FLOWER
J: 1913 UA: 2.9.1913
P: Treumann-Larsen-Film GmbH, Berlin
R: Viggo Larsen
D: Wanda Treumann (Sandra, später Gräfin/
later Countess von Dahlenberg), Viggo
Larsen (Theo Graf/Count von Dahlenberg),
Richard Liebesny (Edgar von Schmetting)

KASPERL-LOTTE/LOTTE OF THE MARIONETTES
J: 1913 UA: 7.3.1913
P: Deutsche Bioscop GmbH, Berlin
R: Emil Albes, B: Luise Heilborn-Körbitz
D: Hilde und/and Lotte Müller

DIE KINDER DES MAJORS/THE CHILDREN OF THE
MAJOR
J: 1914 UA: 17.4.1914
P: Eiko-Film GmbH, Berlin

UND DAS LICHT ERLOSCH/AND THE LIGHT WENT
OUT
J: 1914
P: Imperator Film Co.m.b.H.
R: Fritz Bernhardt
D: Eduard Rothauser (Werle, Großhändler/
wholesale merchant), Friedrich Forberg
(Gerd, sein Mündel/his ward), Beatrice Alten-
hofer (Inge Sörensen), Edmund Breitenbach
(Knudsen), Reinhold Flügel (Petersen)

DIE SÜHNE/ATONEMENT
J: 1917
P: Astra-Film-GmbH, Berlin
R: Emerich Hanus, B: Claudia Cornelius
D: Martha Novelly (Renate), Kurt Vespermann
(Ludwig), Olga Engl (Frau von Laas, Ludwigs
Mutter/Ludwig's mother), Lore Rückert (Sibylle),
Max Ruhbeck (Graf/Count von Blaten)

DIE BÖRSENKÖNIGIN/THE QUEEN OF THE STOCK
EXCHANGE
J: 1918 UA: 23.5.1918
P: Neutral-Film-GmbH, Berlin
R: B: Edmund Edel
D: Asta Nielsen (Helene Netzler), Aruth Wart-
han (Lindholm, Bergwerksdirektor/manager

of the mine), Willi Kayser-Heil
(Oberinspektor/Chief Inspector Müller)

WANDA'S TRICK
J: 1918 UA: 24.5.1918
P: Treumann-Larsen-Film GmbH, Berlin
R: Dr. R. Portegg
D: Wanda Treumann (Wanda Schmied),
Heinrich Schroth (Heinrich Löbel, Zigaretten-
fabrikant/cigarette manufacturer), Maria
Grimm-Einödshofer (Frau Schmied, Wandas
Mutter/Wanda's mother)

DIE LIEBE DER MARIA BONDE/THE LOVE OF MARIA
BONDE
J: 1918
P: Astra-Film-GmbH, Berlin
R: Emerich Hanus
D: Martha Novelly (Maria), Eva Maria Hartmann
(Gunne), Ursula Hell (Anella), Paula Eberty
(Frau Bonde), Emerich Hanus (Martin
Steinert), Kurt Vespermann (Baron Fedja
Bronikow)

DIE TEUFELSKIRCHE/THE DEVIL'S CHURCH
J: 1919
P: Lucifer-Film Co.
R: Hans Mierendorff, B: Adolf Paul
D: Hans Mierendorff (Pfarrer/pastor), Otto
Werther (Asmus, ein armer Bauer/a poor
farmer), Agnes Straub (Ane, seine Frau/his
wife), Paul Rehkopf (Teufel/devil)

Die Untertitel der Filme MADELEINE, DAS RECHT
AUFS DASEIN und DIE LIEBE DER MARIA BONDE
wurden nicht von der Stiftung Deutsche
Kinemathek rekonstruiert.

The intertitles for MADELEINE, DAS RECHT AUFS
DASEIN and DIE LIEBE DER MARIA BONDE were not
reconstructed by Stiftung Deutsche Kinemathek
Berlin.

LITERATUR/DANK

Literatur/Further Reading

Herbert Birett (Hg.): Verzeichnis in Deutschland gelaufener Filme. Entscheidungen der Filmzensur 1911–1920. München u.a. 1980

Herbert Birett: Lichtspiele. Das Kino in Deutschland bis 1914. München 1994

Thomas Brandlmeier: Lachkultur des Fin de Siècle/Fin de Siècle Comedy Culture. In: Helga Belach/Wolfgang Jacobsen (Red.). Slapstick & Co. Frühe Filmkomödien/Early Comedies. Berlin 1995

Ilona Brennicke/Joe Hembus: Klassiker des deutschen Stummfilms 1910–1930. München 1983

Tilmann Buddensieg (ed.): Berlin 1900–1933. Architecture and Design/Architektur und Design. New York, Berlin 1987

Heinz Fuchs/Francois Burkhardt: Produkt Form Geschichte. 150 Jahre deutsches Design. Stuttgart 1985

Wolfgang Jacobsen/Anton Kaes/Hans Helmut Prinzler (Hg.): Geschichte des deutschen Films. Stuttgart 1993

Gerhard Lamprecht: Deutsche Stummfilme 1903–1931. Berlin 1967 f.

Corinna Müller: Frühe deutsche Kinematographie. Formale, wirtschaftliche und kulturelle Entwicklungen. Stuttgart/Weimar 1994

Heide Schlüpmann: Unheimlichkeit des Blicks. Das Drama des frühen deutschen Kinos. Frankfurt/M. 1990

Paolo Cherchi Usai/Lorenzo Codelli (ed.): Prima di Caligari. Cinema tedesco, 1895–1920/Before Caligari. German Cinema, 1895–1920. Pordenone 1990

Interview mit Luise Heilborn-Körbitz, geführt von Gerhard Lamprecht am 4. 9. 1957, Tonbandaufzeichnung im Schriftgutarchiv der Stiftung Deutsche Kinemathek Berlin

Dank an/Special Thanks to

Eva Orbanz, Christa Schahbaz, Heidemarie Albrecht, Stiftung Deutsche Kinemathek Berlin; Hoos Blotkamp, Marie Korteling, Mark-Paul Meyer, Nederlands Filmmuseum Amsterdam; Heide Schlüpmann, Frankfurt/Main; Trickfilmatelier Thomas Wilk, Berlin; Eric de Kuyper, Nijmegen; Emmy de Groot, Frank van der Maden, Amsterdam; Angelika Leitner, Goethe-Institut München; Gerda Mentink, Goethe-Institut Amsterdam; Uta Orluc-Eberwein, DFFB-Bibliothek Berlin; Helmut Regel, Bundesarchiv Koblenz; Ingrun Spazier, Cinegraph Hamburg; Ellen Wagner, Berlin;

und an die Stiftung Deutsche Klassenlotterie Berlin, die durch ihre Unterstützung die Rekonstruktion der Filme ermöglichte.

and to Stiftung Deutsche Klassenlotterie Berlin, whose generous support has made possible the reconstruction of the films.

Fotos/Photos

Nederlands Filmmuseum, Amsterdam (33), Bundesarchiv-Filmarchiv Berlin (1), Stiftung Deutsche Kinemathek, Berlin (5)

AUTOREN

AUTHORS

Emmy de Groot, geb. 1955. Seit 1980 Restauratorin am Nederlands Filmmuseum, u. a. Aufarbeitung und Rekonstruktion des Nachlasses von Jean Desmet. Lebt in Amsterdam.

Eric de Kuyper, geb. 1942. Studium in Brüssel und Paris. Gründer der Abteilung für Filmstudien an der Universität Nijmegen (Holland). Gastprofessuren in Zürich, Frankfurt/Main, Liège. Mitherausgeber und Autor verschiedener Filmzeitschriften und Bücher. Filmemacher. Lebt in Nijmegen.

Frank van der Maden, geb. 1948. Studium der Geschichte. Filmhistoriker und Archivar, u.a. beim Nederlands Filmmuseum, z. Zt. Inventarisierung des Joris-Ivens-Archivs. Lebt in Amsterdam.

Daniela Sannwald, geb. 1957. Studium Psychologie und Raumplanung. Filmhistorische Beiträge u.a. für »Cinegraph«, »Frauen und Film«, »Film-Exil«, verschiedene Filmbücher. Lehraufträge am Institut für Theater-, Film- und Fernsehwissenschaft der Freien Universität Berlin. Lebt in Berlin.

Lothar Schwab, geb. 1939. Studium Germanistik, Philosophie, klassische Philologie. 1976–82 Assistenzprofessor für Filmwissenschaft am Institut für Theater-, Film- und Fernsehwissenschaft der Freien Universität Berlin. Mitarbeiter der Stiftung Deutsche Kinemathek. Lebt in Berlin.

Emmy de Groot was born in 1955. Since 1980 she has worked as a restorer at the Nederlands Filmmuseum, and is currently at work on, among other projects, the restoration and reconstruction of the Jean Desmet collection.

Eric de Kuyper was born in 1942. He studied in Brussels and Paris, and founded the Department of Film Studies at the University of Nijmegen, Netherlands. He has held guest professorships in Zürich, Frankfurt, and Liège. He is a filmmaker, film historian, and author and co-editor for various publications. He lives in Nijmegen.

Frank van der Maden was born in 1948, and studied history in Nijmegen. He is a film historian and archivist at the Nederlands Filmmuseum and other institutions, and is currently working at the Joris Ivens Archive. He lives in Amsterdam.

Daniela Sannwald was born in 1957. She studied psychology and area planning. She has written articles for publications such as *Cinegraph, Frauen und Film* and *FilmExil,* and has contributed chapters to various collaborative works on cinema. She has also taught at the Institute for Theater, Film, and Television Studies at the Free University of Berlin. She lives in Berlin.

Lothar Schwab was born in 1939. He studied German literature, philosophy, and classics. From 1976 to 1982 he was assistant professor of film at the Institute for Theater, Film, and Television Studies at the Free University of Berlin. He now works at the Stiftung Deutsche Kinemathek and lives in Berlin.